웹진 『시인광장』 선정
– 2022 올해의 좋은 시 100選

Selected by Webzine Poetsplaza
- 2022 Best Poem of this year 100 Selections

■ 웹진 『시인광장』 선정 『올해의좋은시賞』 역대 수상자受賞者들과 수상시受賞詩들

수상년도	회수	수상시	수상시인
2008년	1회	내 몸속에 잠든 이 누구신가	김선우
2009년	2회	무덤 사이에서	박형준
2010년	3회	겨울의 원근법	이장욱
2011년	4회	문장들	김명인(공동수상)
2011년	4회	인중을 긁적거리며	심보선(공동수상)
2012년	5회	y거나 Y	유지소
2013년	6회	잉어	김신용
2014년	7회	시골 창녀	김이듬
2015년	8회	저녁의 감정	김행숙
2016년	9회	눈썹이라는 가장자리	김중일
2017년	10회	죽은 새를 위한 메모	송종규
2018년	11회	나를 파괴하라! 장미여	김왕노
2019년	12회	누가 고양이 입속의 시를 꺼내 올까	최금진
2020년	13회	음시	함기석
2021년	14회	제페토의 숲	김희준(1994 ~ 2020)
2022년	15회	도넛 구멍 속의 잠	김혜미

제1회 김선우   제2회 박형준   제3회 이장욱   제4회 김명인

제4회 심보선   제5회 유지소   제6회 김신용   제7회 김이듬

제8회 김행숙   제9회 김중일   제10회 송종규   제11회 김왕노

제12회 최금진   제13회 함기석   제14회 김희준   제15회 이혜미
 (1994 ~ 2020)

웹진 『시인광장』 선정 2022 올해의 좋은 시 2차 선정 10選

■ 웹진 『시인광장』 선정 2022 올해의 좋은 시 2차 선정 10選

순서	이름	제목	구분
1	이혜미	도넛 구멍 속의 잠	웹진 『시인광장』 2020년 12월호
2	김승희	단무지와 베이컨의 진실한 사람	월간 『현대시』 2020년 10월호
3	조정인	그 나뭇가지에 도착한 푸른 기억들	반년간 『서정과 현실』 2020년 하반기호
4	천수호	검은 철사 너머	계간 『시와 사람』 2020년 봄호
5	홍일표	중세를 적다	웹진 『시인광장』 2020년 11월호
6	강재남	이런 밑그림이 있었습니다	계간 『파란』 2021년 봄호
7	최형심	여름에 딸린 방	계간 『포엠포엠』 2020년 겨울호
8	최금진	부메랑	계간 『불교문예』 2021년 여름호
9	허 민	깨진 소주병을 바라보며	계간 『황해문화』 2020년 여름호
10	강 주	밤의 전개도	격월간 『현대시학』 2019년 1~2월호

시인광장

− 2022 올해의 좋은시 100選

2022 웹진 「시인광장」 선정 올해의 좋은 시 100選 序文
대면을 향한 비대면의 시대, 우리의 현주소와 미래
웹진 「시인광장」 주간 김왕노 • 8

2022 제15회 웹진 「시인광장」 선정 올해의좋은시賞 심사평
나름대로 시학, 시를 뛰어넘는 시 이혜미의 「도넛 구멍 속의 잠」
웹진 시인광장 주간. 좋은시상 심사위원장 김왕노 • 15

2022 제15회 웹진 「시인광장」 선정 올해의좋은시賞 수상시와 수상소감 • 21

2022 제15회 웹진 「시인광장」 올해의 좋은 시100選 시론詩論
무의식 속 자아와 자각하는 자아 사이의 균형과 견제를 위무하는 역동逆動, dynamic적 외침
시인, 웹진 시인광장 편집부주간 이 령 • 28

2022 제15회 웹진 「시인광장」 올해의좋은시상 수상자와의 대담
눈을 감고 빛의 감정을 느껴봐
수상자 : 이혜미 시인
대 담 : 최규리(시인, 웹진 「시인광장」 편집장) • 32

제15기 웹진 「시인광장」 편집위원 특집대담 • 42
비대면 시대에서 문단의 현 주소와 우리 문학인이 나아갈 방향 모색

001_ 강기원 | 모린호르Morin Khur   • 60
002_ 강 순 | 미문을 생각하다가   • 62
003_ 강신애 | 천장天葬   • 64
004_ 강영은 | 타탄체크를 짜는 방식   • 66

005_ 강재남	이런 밑그림이 있었습니다	• 68
006_ 강 주	밤의 전개도	• 70
007_ 강해림	미혹迷惑	• 72
008_ 구광렬	가라이 네이어라	• 74
009_ 구석본	지나가는 풍경	• 84
010_ 구효경	데칼코마니	• 85
011_ 권규미	곡우무렵	• 90
012_ 권정일	도형속의 도형	• 92
013_ 김경미	기다림은 추한 것	• 94
014_ 김경인	반반	• 96
015_ 김관용	벽돌의 자비	• 98
016_ 김광호	페름의 놀이터	• 100
017_ 김명리	고양이 장마	• 103
018_ 김명원	송년 카드	• 104
019_ 김명철	무한원점	• 106
020_ 김미정	블라인드의 3시	• 107
021_ 김백겸	불타는 바이올린과 코브라 독약	• 110
022_ 김분홍	현기증의 맛	• 114
023_ 김 산	당신의 물	• 116
024_ 김상미	자작나무 타는 소년	• 118
025_ 김성백	로보데우스ROBODEUS	• 120
026_ 김승희	단무지와 베이컨의 진실한 사람	• 127
027_ 김신용	매미 허물	• 129
028_ 김연아	백 개의 입술을 가진	• 131
029_ 김영찬	올리브 동산의 7월 칠석七夕	• 133
030_ 김왕노	도대체 이 안개들이란	• 135
031_ 김은상	딸기바닐라하우스	• 140
032_ 김제김영	허들링	• 142
033_ 김중일	슬픈 손	• 144
034_ 김진규	이곳의 날씨는 우리의 기분	• 146
035_ 김추인	푸른 갈기의 말들을 위한 기도	• 148
036_ 김학중	무력의 텍스트	• 150

037_	김효은	무무와 모모에 관한 에피소드 2	• 152
038_	김희준	7월 28일	• 155
039_	나희덕	홍적기의 새들	• 157
040_	류인서	기억을 해동하다	• 159
041_	리 호	이번 역은 토끼역입니다	• 164
042_	문정영	넷플릭스	• 167
043_	문혜연	아무도 모르고 누구나 아는	• 169
044_	박성현	종이인간	• 172
045_	박용하	'나'라는 슬픔	• 174
046_	박은정	구球	• 176
047_	박정대	어떤 저항의 멜랑콜리	• 178
048_	박진형	돌 아래 잠드는 시간	• 182
049_	박춘석	식물의 위쪽 상부	• 184
050_	서안나	모래의 시간	• 186
051_	서영처	장미의 세계	• 190
052_	성향숙	빛과 물질에 관한 이론	• 192
053_	송종규	히야신스	• 194
054_	신용목	유령 비	• 195
055_	신철규	갇힌 사람	• 197
056_	안차애	초록을 엄마라고 부를 때	• 199
057_	여성민	태엽	• 201
058_	오정국	살청殺靑	• 203
059_	우원호	백두산(白頭山) 20	• 205
060_	유미애	연필의 밤	• 208
061_	윤의섭	그 후	• 212
062_	이계섭	데자뷔	• 213
063_	이대흠	감정의 적도를 지나다	• 215
064_	이 령	사사로운 별	• 217
065_	이문희	슬픔이 도착하는 시간	• 219
066_	이영춘	운성隕토으로 가는 서사	• 221
067_	이은규	밤의 포춘 쿠키	• 223
068_	이재연	단순한 미래	• 225

069_	이혜미	도넛 구멍 속의 잠	• 227
070_	전영관	원룸	• 229
071_	정 겸	악보 위를 걷는 고양이	• 234
072_	정성원	인 타임	• 236
073_	정숙자	누빔점s	• 238
074_	정연희	네 이름은 안개	• 240
075_	정채원	블랙 아이스	• 241
076_	정현우	항문이 없는 것들을 위하여	• 243
077_	정혜영	스완댄스	• 245
078_	조미희	혼자 앉아 있는 사람	• 248
079_	조온윤	시월의 유령들	• 250
080_	조용미	침묵 사제	• 252
081_	조정인	그 나뭇가지에 도착한 푸른 기억들	• 256
082_	천서봉	각성	• 258
083_	천수호	검은 철사 너머	• 259
084_	최규리	프렌치프라이	• 261
085_	최금진	부메랑	• 264
086_	최라라	협곡	• 266
087_	최문자	시계의 아침	• 268
088_	최영랑	발코니 유령	• 270
089_	최재훈	늙은 말을 타고	• 271
090_	최형심	여름에 딸린 방	• 273
091_	최호일	계란학 강의실	• 278
092_	하두자	다시 안개극장	• 280
093_	하 린	눈꺼풀의 무게	• 281
094_	한경용	핸드릭 하멜, 당신을 보았다	• 283
095_	함기석	뒤 보이스	• 285
096_	허 민	깨진 소주병을 바라보며	• 286
097_	허 연	가여운 거리	• 288
098_	홍일표	중세를 읽는 시간	• 290
099_	황주은	옷장은 안녕하십니까	• 292
100_	휘 민	스크래치	• 294

2022 웹진 『시인광장』 선정 올해의 좋은 시 100選 序文

대면을 향한 비대면의 시대, 우리의 현주소와 미래

김왕노(웹진 시인광장 주간)

  비대면이 시대이기에 대면으로 풀었던 그리움은 풀 길 없다. 사방엔 그리움이 자작나무숲처럼 푸르거나 끝없이 가슴에 그리움이 꽃으로 피고 지고 또 피어난다. 그리움의 생명력이 왕성해졌다. 문학이 성장하고 문학을 향유하기 좋은 토양이 바로 비대면의 시기다. 그리고 코로나로 다소 폐쇄적인 상황에서 많은 사람이 시집을 읽고 깊은 밤 책장 넘기는 소리가 첫눈 오는 소리처럼 들리리라 생각했다. 그러나 비대면 시대의 불안감 해소나 극복이 책이 아니라 스마트폰과 영상매체를 통해 해소하므로 나의 기대가 상처 입었다. 문학이나 시단도 잦은 교류로 활성화되고 양질의 문학작품이나 시가 회자 되고 식은 아궁이 같은 가슴에 시와 문학이 불씨가 되고 활활 타오르고 잉걸불이 되어야 하나 비대면의 시간이 길어질수록 희망을 접었다. 울분만 증폭되고 문학에 대한 기대감은 위축되고 무너져 가고 있다. 그래도 시집이 출판 구조의 변화로 많이 쏟아지므로 돈이 되지 않아 빈 독에 물 붓는 격이 되었지만 희망이다. 한편으론 문학이 자본주의 사회에서 돈이 되고 사랑받는 시기가 사라져가므로 안타깝다.

코로나 시대에 시인과 시와 모든 것이 위축된 것 같으나 죽은 시인의 사회, 죽은 시의 사회가 아니라 시가 부활하고 시인이 부활하는 한 철이라 믿는다. 많은 문학지가 만들어지므로 뽑힌 신인이 많으나 그들의 숨통을 터주는 지면이 부족하고 기하급수적으로 많은 시인이 배출되나 여러 악조건으로 그들의 시를 찾아보거나 주목하기 힘들어 안타깝다. 이러한 상황이 시단의 현주소다. 시를 몇 번 발표하다가 어렵게 얻은 시인의 이름을 팽개치는 경우마저 있어 안타깝다. 아직 나는 그 많 신인과 시인이 다시 우리나라에 시의 르네상스, 문학의 르네상스 시대를 불러오리라고 믿는다. 유럽에 페스트가 유행할 때 조반니 보카치오는 『데카메론』이라는 역작을 썼다. 전염병이 유행할 때 생의 극과 생과 사의 문제가 혼재하므로 그 시기에 빚어지는 문학이란 값진 것이다. 문학동네의 세계 문학전집 페스트의 책 소개에서 "페스트는 1957년, 43세라는 역대 최연소 나이로 노벨문학상을 수상한 카뮈의 다섯번째 작품이다.

1947년 『페스트』가 출간되었을 당시 서른네 살이던 카뮈는 『이방인』으로 문단의 주목을 받았지만 아직 대중들에게는 유명 작가가 아니었다. 페스트 발생으로 죽음의 공포에 휩싸인 오랑에서의 10개월간의 사투를 담은 『페스트』로 비로소 카뮈는 첫 상업적 성공을 거둔다. **"참혹한 폐허에서 피어난 알베르 카뮈의 걸작. 진정한 인간이 되고자 운명을 거부한 자들의 드라마."**로 코로나 시대에 시사하는 바가 크다. 이 코로나 시대에 시인은 운명에 대한 순응이 아니라 어두운 운명을 극복하는 지렛대가 될 시를 써서 모든 사람에게 명검처럼 쥐어 줘야 할 것이다. 그러므로 문학이 문학답게 이뤄질 수 있는 시기가 지금이고 문학이 희망의 푯대가 되는 것이 당연하다고 생각한다. 그리고 이 비대면의 시기, 우리에게 힘이 될 시를 주고 문인수 시인과 김점용 시인이 하늘의 시인으로 돌아갔다.

채와 북 사이, 동백 진다.

문인수

> 지리산 앉고 섬진강은 참 긴 소리다.
> 저녁노을 시뻘건 것 물에 씻고 나서
> 저 달, 소리북 하나 또 중천 높이 걸린다.
> 산이 무겁게, 발원의 사내가 다시 어둑어둑 고쳐 눌러앉는다.
> 이 미친 향기의 북채는 어디 숨어 춤추나
> 매화 폭발 자욱한 그 아래를 봐라
> 뚝, 뚝, 뚝, 듣는 동백의 대가리들.
> 선혈의 천둥 난타가 지나간다.
>
> - 채와 북 사이, 동백 진다. 전문

한 마디로 삶의 열정으로 몸부림치게 하는 시다. 이 시대가 반영되어 있고 우리는 끝없이 시를 쓰고 난타하며 시의 춤사위를 잃지 않아야 한다. 잊지 않아야 한다. 꿈의 춤사위도 아울러……. 이것은 시인의 뜻이자 모든 사람의 롤 모델로 시인이 해야 할 역할이다. 김정용 시인의 시 꽃아 가자. 를 읽으며 고인이 된 두 시인의 명복을 다시 한 번 빌며 시단의 현주소는 많이 침체되었으나 침체가 아니라 주먹을 뒤로 뺀 시기라 할 수 있다. 언제 뒤로 뺀 주먹을 앞으로 치며 코로나를 이 암울한 날을 가격해 다운 시킬 것이다.

그리고 미래는 어디서나 밝을 수밖에 없다. 인간과 시인이 위대한 것은 미래에 모든 것을 올인 할 줄 알고 미래도 그 기대를 저버리지 않는 것이다.

지금은 누구나 바닥에 이른 시기, 바닥이란 반동의 발판, 힘껏 발로 차고 반동의 힘을 얻는 곳, 자, 시단의 암울한 현주소를 박차고 시의 미래로 날자, 한번 날자, 다시 한 번 날아 보자꾸나.

김왕노 시인(웹진 시인광장 편집주간, 올해의좋은시상 심사위원장)

Our present state and future in the non-face-to-face era towards the face-to-face

Because it is a non-face-to-face era, there is no way to solve the longing that was solved face-to-face. Longing everywhere is as green as a birch forest, or longing is endlessly blooming and falling and blooming in the heart as flowers. The vitality of longing has grown vigorously. The best soil to enjoy literature is the non-face-to-face time. And in a somewhat closed situation due to the corona virus, many people read poetry books and thought that the sound of turning bookshelves at night would sound like the first snow. My expectations were hurt because overcoming was resolved through smartphones and video media rather than books. Literature and poetical circles are also activated through frequent exchanges, high-quality literary works and poems are circulated, and poetry and literature are ignited and lively in the heart of a cold furnace. It should burn and become a lively burning charcoal fire, but the longer the non-face-to-face time, the more hopeless it is. The resentment is amplified, and the expectations for literature are shrinking and falling apart. It's been pouring water, but it's hope. On the one hand, it is regrettable that the time when literature becomes money and is loved in a capitalist society is disappearing.

It seems that poets and poetry and everything have dwindled in the COVID-19 era, but I believe that it is a season when poetry is revived and poets are resurrected, not a society of dead poets or a society of dead poetry. Since many literary magazines are created, there are many newcomers selected, but there is not enough space to give them a breath, and an exponential number of poets are produced. This situation is the current state of poetical circles. It is unfortunate that there are cases where the poet's name, which was obtained with difficulty after publishing poetry several times, is thrown away. I still believe that many newcomers and poets will bring back the Renaissance of poetry and the Renaissance of literature in our country. During the plague epidemic in Europe, Giovanni Boccaccio wrote a masterpiece called The Decameron. When an epidemic spreads, the issues of life and death are mixed, so literature created during that time is valuable. In the introduction of the book 「The Plague」, the world literary collection of 「Munhak Dongnae」, "「The plague」 is the 5th work of Camus, who won the Nobel Prize for Literature in 1957, at the age of 43, the youngest ever.

Camus, who was 34 years old when 「The Plague」was published in 1947, drew attention in the literature with his novel 「The Stranger」, but was not yet a famous writer to the public. Camus achieved his first commercial success with 「The Plague」, which tells the story of a ten-month struggle in Oran, where he was engulfed in fear of death due to the plague. "As Albert Camus masterpiece blooming in the terrible ruins, a drama of those who refused fate to become a true human being", it has a lot of implications for the COVID-19 era. Poets will have to write poems that will be leveraged to overcome dark fate, not conformity to fate, and should be given to everyone like a famous sword. Therefore, now is the time when literature can be realized like literature, and I think it is natural that literature should become a target of hope. And in this non-face-to-face time, Poets Moon, insoo and Kim, jeomyong returned as poets of heaven, giving us poetry that will give us strength.

Between the stick and the drum, the camellia loses

by MOON, INSOO

Jiri Mountain sits, Seomjin River is a long sound
After washing the red thing with water in the evening sunset
That moon, another soundbook hangs mid-heavenly high
Heavily the mountain, and the man of origin is dimly reseated again
Where does this crazy scent drumstick hide and dance?
Look beneath the dense explosions of plums
Heads of camellias that listen, drip-drip-drip
A bloody thunder strike passes by

-Poem 「Between the stick and the drum, the camellia

loses」 Entire Text

In a word, it is a poem that makes you struggle with the passion of life. This era is reflected, and we must not lose the dance moves of poetry by endlessly writing and ranting. must not be forgotten In addition to the dance moves of the dream……. This is the poet's will and the role that the poet should play as a role model for everyone. Reading Poet Kim Jeomyong's poem「Let's go, Flower」.. I pray once or the repose of soul of the two deceased poets while reading the book, and although the current state of the poem has been greatly depressed, it is not a recession, but a time when the fist is pulled back. When will you strike your back with your fists forward and bring COVID-19 down this dark day.

And the future is bound to be bright everywhere. The great thing about humans and poets is that they know how to go all-in in the future, and that the future also does not be contrary to our expectation.

Now is the time everyone reaches the floor, the foothold of the rebound on the floor, the place where they kick and gain the power of the rebound with all their might, so let's kick the gloomy current state of poetry and fly into the future of poetry, let's fly once, let's fly once again.

Poet KIM, WANGNO(Excutive Editor of Webzine Poetsplaza, Chairman of the Jury of the Best Poem of This Year Prize)

2022 제15회 웹진 『시인광장』 선정 올해의 좋은 시100選 심사평

나름대로 시학, 시를 뛰어넘는 시 이혜미의 「도넛 구멍 속의 잠」

김왕노(웹진 시인광장
주간, 좋은시상 심사
위원장)

　해마다 웸진 『시인광장』은 시의 축제장이 된다. 이만큼 많은 양질의 시를 선보이는 곳은 없다. 올해의 좋은 시 선정은 모든 시가 좋으나 나름대로 자신의 시학으로 시를 뛰어넘는 시, 즉 공감과 동의와 읽은 사람에게 작용하고 반작용을 일으키는 시, 그리하여 정반합으로 시의 완성도를 높여가는 시를 찾는 작업이다. 이 과정은 하루아침에 이뤄지는 것이 아니라 연중 시를 보는 시인의 눈에서 출발해 시인의 눈으로 선정되기에 참으로 공정하고 긴 여정으로 얻은 선정이다.
　지금도 고전음악을 현대음악을 뛰어넘을 수 없다는 고정관념을 깨뜨리는 방탄소년의 음악처럼, 세계인의 어우러짐으로 만들어지는 방탄소년의 음악처럼, 시인광장에서 선보이는 시는 시의 어우러짐으로 시세계를 문학세계를 주도하고 독자가 맘껏 시를 향유하는 시의 마당으로 초대한다. 시란 공감하고 즐겁게 읽고 사색할 수 있는 것을 본질로 한다. 시인이 자신의 내면을 시로 펼쳐 독자를 초대해 시인과 시가 객관화되는 것이다. 시의 힘을 가지는 시점을 가지게 되는 것이다. 그러므로 한 편의 시가 가진 힘은 엄청난 것이다. 하여 좋은 시란 시인의 능력과 시인의 영혼이 만나 스파크를 일으킨 산물로 엄청난 흡입력을 가지므로 읽는 사람을 육화시키는 매력과 마력을 가지고 있다.

사람의 마음이 허할 때의 좋은 시는 일용할 마음의 양식이자 우리가 문학의 즐거움으로 몰입해가는 입구이며 출구이다. 그렇다고 선정에서 1편의 시를 뽑으므로 다른 시가 나쁜 시라는 말은 절대 아니다. 시는 일단 시란 몸을 가지게 되면 프리즘에 빛이 통과하는 것처럼 아름다움을 발산하기 시작한다. 언어의 명암을 가졌기에 보는 각도에 따라 의미가 다르게 해석되므로 그것이 시가 가진 고혹적인 가치라 할 수 있다.

어떤 시는 가슴에 담아두면 앙금이 풀리듯 끝없이 시가 풀리며 모든 감각을 열어젖히며 시의 맛을 느끼게 한다. 처음엔 소금에 절여지지 않는 시퍼런 배추 같다가 나중에는 절여지고 숨죽고 마침내 잘 발효된 시로 다시 읽히기도 한다. 일단 좋은 시를 뽑는다는 것은 즐거움이자 난관에 부딪히는 것과 같다.

한 편의 좋은 시를 뽑으므로 뽑히지 않는 시가 좋지 않는 시라는 것은 어불성설이다. 군계일학처럼 한 편의 시를 뽑으므로 299편의 시가 빛을 잃는 것도 아니다. 하나 같이 다 시로 완성도가 높고 자신의 매력을 듬뿍 듬뿍 발산하고 있다. 이러한데 시를 보는 기준이랄까 가치관이란 잣대를 들이댄다는 것은 몰염치한 것과 같다.

그러나 한 편의 시를 뽑아야 했다. 최종에 오른 시는 어디 한 쪽으로 지우치지 않는 훌륭한 시들이었다. 그러나 결국 시의 각축장인 선정의 치열한 과정 속에서 올해의 좋은 시는 이혜미 시인의 시, 도넛 구멍 속의 잠이 선정되었으므로 먼저 축하드린다.

'도넛 구멍 속의 잠'이란 바늘 속의 잠, 잠속의 폭풍과 같이 속이란 억압과 감금 속에서 압축된 의지를 마음껏 자신을 발화 발산하는 힘을 가졌다. 속이란 갇힘에서 잠이란 억압을 풀어내는 장치를 가진 시다. 잠이 자유로움으로 도약하는 발판으로 하여 구멍 속과 잠(꿈)이란 대비로 의미를 증폭시키므로 일단 힘차고 흥미롭고 시적 화자의 내면세계를 적나라하게 보여준다. 나름대로 자기의 시세계를 확고히 지키며 밀고나가는 역동성도 가졌다.

아울러 코로나 시대에 여기저기 희망을 풀무질해 주며 극복의 의지도 북돋아주고 있다. 난해하거나 지나친 비약의 간극으로 독자를 곤혹에 빠뜨리거나 혼란으로 이끌지 않는 신선함과 섬세함과 친화력, 구체성을 아울러 지니고 있다. 그의 시는 쉽게 읽히고 육화시키는 힘과 생명력을 가졌기에 앞으로 '도넛 구멍 속의 잠'이란 시를 터닝 포인트로 시인이란 작가로, 시란 작품으로, 장족의 발전을 하리라 본다. 거듭 올해의 좋은 시 수상자로 선정되었음을 축하드린다.

Poetry in its own way, a poem that transcends poem Lee Hye-mi's 「Sleep in a Donut Hole」

Every year, Webzine PoetsPlazabecomes a festival venue for poetry. There is no other place that showcases so many quality poems. The selection of this year's good poetry is to find a poem that transcends poetry with its own poetics, that is, a poem that works and reacts with sympathy, agreement, and reaction to the reader, and thus enhances the perfection of poetry through unity. This process does not happen overnight, but it is a selection obtained through a fair and long journey, starting from the eyes of a poet who sees poetry throughout the year and being selected through the eyes of a poet.

Even now, like the music of BTS, which breaks the stereotype that classical music cannot surpass modern music, like the music of BTS that is made by the harmony of people from all over the world, the poetry presented in Poet's Square transforms the poetic world into the literary world through the harmony of poetry, leads and invites readers to the poetry yard where they can enjoy poetry to their heart's content. Poetry is essentially something that can be sympathized, read, and contemplated. The poet unfolds his inner side as a poem and invites the reader to make the poet and the poem objectified. It will have a point of view that has the power of poetry. Therefore, the power of a poem is enormous. Therefore, a good poem is a product of the poet's ability and the poet's soul meeting and causing sparks, so it has the charm and magic of nurturing the reader. A good poem when a person's heart is empty is the daily foodstuffs of the mind, and the entrance and exit through which we immerse ourselves in the joy of literature. However, since one poem is selected from the selection, this does not mean that the other poems are bad. Once poetry has a body, it begins to radiate beauty like light passing through a prism. Because it has the contrast of language, the meaning is interpreted differently depending on the viewing angle, so it can be said that this is the alluring value of poetry.

If we put some poetry in our hearts, poetry will be released endlessly just like sediment is released, opening up all your senses and letting you feel the taste of poetry. At first, it is like a citrus cabbage that is not salted, but later it is pickled and breathed, and finally read again as a well-fermented poem. Picking out a good poem is a pleasure and like facing difficulties.

It is absurd to say that a poem that is not selected is a bad poem because one good poem is selected. Like the only figure among ciphers, it is not that 299 poems lose their light because one poem is selected. Each and every one of them has a high degree of perfection and radiates a lot of their own charm. In such a case, it is like ignorance to set the standard for poetry or values.

But I had to choose one poem. The final poems were great poems that did not lean toward one side.However, in the end, in the fierce process of selecting each venue of the city, this year's good poem was selected by poet Lee Hye-mi's poem, 「Sleep in a Donut Hole」, so I congratulation first.

Sleep in a donut hole: sleep in a needle and like a storm in sleep, has the power to utter and release the compressed will in the suppression and confinement of deceit. The inside is a poem that has a device that releases the repression of sleep from trappedness. It amplifies the meaning of sleep in the hole and the contrast of sleep (dream) using sleep as a stepping stone for freedom, so it is powerful and interesting, and it clearly shows the inner world of speakers in the poem It also had the dynamism to firmly defend its own world of poetry and push forward

In addition, in the era of the corona virus, it provides a bellows of hope and encourages the will to overcome. It has freshness, delicacy, affinity, and concreteness that do not confuse or confuse the reader with the gap between esoteric or excessive leaps. Her poetry is easy to read and has the power and vitality to incarnate, so in the future, I think the poem "Sleep in a donut hole"will be a turning point, and she will develop into a poetic work, as a poet. Once again, I congratulation on being selected as the Best Poem of This Year Prize Winner.

김왕노 시인(웹진 시인광장 편집주간, 올해의좋은시상 심사위원장)

경북 포항에서 출생. 1992년 《매일신문》 신춘문예에 〈꿈의 체인점〉으로 당선. 시집으로 「황금을 만드는 임금과 새를 만드는 시인」, 「슬픔도 진화한다」,「말달리자 아버지」, 「사랑, 그 백년에 대하여」, 「중독」, 「그리운 파란만장」, 「사진속의 바다」, 「아직도 그리움을 하십니까」, 「게릴라」 등이 있음. 2003 년 제 8회 한국해양문학대상, 2006 년 제 7회 박인환 문학상, 2008 년 제 3회 지리산 문학상, 2016년 제 2회 디카시 작품상 2016년 수원문학대상, 2017년 제 11회 웹진 시인광장 선정 올해의좋은시 수상 등 수상. 2013년 한국문화예술위원회 아르코 문학창작금 등 5회 수혜. 현재 웹진 「시인광장」 편집주간, 시인축구단 글발 단장.

Poet KIM, WANGNO(Excutive Editor of Webzine Poetsplaza, Chairman of the Jury of the Best Poem of This Year Prize)

Born in Pohang, Gyeongbuk. Debuted by selecting 「Chain store of Dream」 in Daily News in the annual spring literary contest in 1992. There are poembooks 「A king who makes gold and a poet who makes birds」, 「Sadness also evolves」, 「Let's run! Horse, Father」, 「Love, about Its hundred years」, 「Addiction」, 「Nostalgic grandeur」, 「Sea in the photo」, 「You still yearn for?」, 「Guerrilla」 and so on. Won the 8th Korean Ocean Literary Grand Prize in 2003, 7th Park In-hwan Literary Prize in 2008, the 3rd Mt. Jiri Lliterary Prize in 2016, 2nd DICA Award for Best Poem, Suwon City Grand Prize in 2013, the 11th Good Poem of This Year. Received 5 times more virtues from Korean Culture &Arts Council Arco Culture &Culture Council in 2013. Currently, an Executive Editor of the Webzine Poetsplaza, a Director of Poet Soccer Team, 「KEULBAL」& Executive Director of Korea Dica Poetry, Vice President of Korean Poets Association.

웹진 시인광장【Webzine Poetsplaza SINCE 2006】

> 2022 제15회 웹진『시인광장』선정 올해의좋은시賞 수상시 및 수상 소감
> Winning Poem, 2022' The 15th 「Best Poem of This Year」
> Prize selected by Webzine PoetsPlaza & Award Impression

도넛 구멍 속의 잠

이혜미

당신 그 꿈 얘기 좀 해 봐요 초콜릿이 흘러넘치는 도넛 상자를 들고 설탕 사막을 찾아가던 꿈

고운 모래들이 은빛으로 반짝였고 목구멍을 한껏 열어 바람 냄새를 맡으면 달콤한 입자들이 기도까지 흘러들어왔어요 도넛들과 함께 설탕모래 위를 구르며 이번 생을 자축했어요 이렇게 달콤한 잠이라니 최고다 예상 못한 선물이야 도넛이 많아질수록 새로 생긴 동그라미들이 늘어서고 그들의 중력이 흰사막을 빨아들이기 시작하고 세상이

구멍과 구멍 아닌 것으로 나뉠 때 고대에서 온 인간처럼 거대한 도넛의 주위를 맴돌았어요 설탕 범벅이 된 채 동그랗게 모여드는 하늘을 바라보다 뒤늦은 깨달음이 찾아왔습니다 우린 아주 긴 구멍을 가진 도넛들이었군요

이대로 마음을 시작할 수 있겠어요? 당신 코 고는 소리를 들으며 낡은 자루에서 설탕이 쏟아져 내리는 모습을 상상했어요 짙어지는 수면으로 고르게 내려앉는 단잠의 소리

코 골 때의 당신은 꼭 웃다가 우는 것 같지 잠든 자의 벌린 입 속으로 흘러들어가 검게 절여진 구멍을 구해올 수 있겠어요? 세

마디로 이루어진 행성이 있어서 우린 생의 대부분을 그 주위를 맴돌며 보낸다고요 매일 새로운 궤도의 웃음을 개발하려

우리가 떠나온 세계에는 더 이상 지어낼 입술이 없군요 깨어나면서, 단것으로 얼룩진 잠을 털어내면서, 구멍이 도넛을 존재하게 하듯 어리석음은 매번 꿈으로부터 우리를 구출해내는군요

기억해요 만약 어젯밤 꿈속에 두고 온 영혼이 있다면 수상하고 달콤한 도넛 속에 웅크려 당신을 기다린다는 거

웹진 『시인광장』 2020년 12월호

Sleep in a donut hole

by LEE, HYEMI

You, tell me about that dream. The dream that was visiting the sugar desert carrying a donut box overflowing with chocolate.

The fine sand shimmered in silver, and when I opened my throat and smelled the wind, sweet particles flowed into my airways. I celebrated this life by rolling on sugar sand with donuts. What a sweet sleep like this! It's the best, and unexpected gift. The more doughnuts they increase, the more new circles they line up, and their gravity begins to suck the white desert. And the world

When divided into hole and non-hole, they hovered around a giant donut like the humans from ancient times. A belated realization came to me while I was looking at the sky, gathering in a circle with sugary patches. We were donuts with very long holes.

Can you start your mind like this? I imagined sugar pouring down from an old sack as I listened to your snoring. The sound of a sweet sleep falling evenly into the deepening sleep. Can you flow into the sleeping man's open mouth and get the hole pickled with black? There's a planet with three nodes and we spend most of our lives revolving around it. Every day trying to develop a new orbital laughter.

There are no more lips to make up in the world we've been away from Waking up, wiping away our sleep stained with sweets, as holes let donuts exist , Folly saves us from our dreams every time.

Remember that if there's a soul you left behind in last night's dream, I'll curl up in a suspicious and sweet donut and wait for you.

Webzine 「Poetsplaza」 December issue of 2020

■ 수상 소감

　사소한 믿음들을 좋아합니다. 물속에 동전을 던지는 일, 돌탑과 드림캐처와 걱정인형과 속눈썹을 올려둔 작은 돌 같은 것들. 슬픔과 기대와 걱정과 소원을 담은 작은 행동이나 물건들을 좋아합니다.
　시를 쓰는 것은 혼자만의 믿음이 점차 우리를 향해 넓어져가는 경험이었습니다. 바다에 띄운 유리병 편지나 밀서를 전하는 비둘기처럼, 홀로 써 온 시들이 다른 이에게 가 닿아 번져가는 모습은 큰 기쁨을 주었습니다. 쓰는 동안은 괴롭지만 문장을 더듬어 줄 눈길을 떠올리면 외로움이 덜해졌습니다.

　등단 이후로 처음 받는 상입니다. 가장 기쁘고 영광스러운 것은 선후배님들, 문우들께서 추천해 주시는 과정을 통해 선정되었다는 점입니다. 미욱한 시에 마음 맞대어 주셔서 감사드립니다.

　함께 쓰며 곁이 되어준 문우들께 다정한 포옹을 보냅니다. 웹진 시인광장이 있어 혼자가 아님을 매번 확인할 수 있었습니다. 수많은 시와 시인들이 머무는 곳인 시인광장의 커다란 응원 받아 앞으로 더 힘내어 쓰겠습니다. 언제나 든든한 지붕이 되어주신 정용화, 이희섭 시인께 무한한 사랑을 드립니다. 나아갈 길에 빛을 밝혀 주신 정운채, 윤창석, 김지혜, 윤한로, 오형엽, 최동호 선생님께 감사합니다.

　지금까지 지켜 온 작은 규칙 중 하나는 노트 첫 장을 비워 두는 것이었습니다. 비워진 앞장이 나머지 낱장들을 지켜 주리라고 생각했어요. 앞으로도 백지를 방패삼아, 이불 삼아 주어진 노트들을 채워나가려 합니다.

마지막으로, 지난 년도 수상자인 故 김희준 시인에게 애틋한 친애의 마음을 전합니다. 통영의 아이들 곁에 앉아 시를 읽어주던 목소리가 우리를 내내 연결시켜 주고 있다고요. 어떤 문장들은 떠나서도 끝나지 않는다는 것을 믿습니다.

감사합니다. 꾸준히 쓰겠습니다.

■ Award Impression

I like insignificant beliefs. Things like tossing a coin into the water, a stone tower, a dream catcher, a worry doll, and a small stone with eyelashes on it. They like small actions or objects that contain sadness, anticipation, worries, and wishes.

Writing poetry was an experience in which my belief in myself gradually expanded toward us. It gave me great joy to see the poems I wrote alone reach others and spread like a glass bottle letter floating in the sea or a dove delivering a secret letter. It was painful while I was writing, but when I remembered the eyes that could trace the sentences, the loneliness was lessened.

This is the first award I have received since l debuted. The happiest and most glorious thing is that it was selected through a process recommended by my superiors and younger poets and literary friends. Thank you for putting your heart into my stupid poems

I send a warm hug to the literary friends who have been by my side while writing. Because there was a webzine Poet Plaza, I could always confirm that I was not alone. I will do my best to write more in the future with the great support of Poesplaza, a place where many poems and poets stay. I give infinite love to poets Jung Yong-hwa and Lee Hee-seop, who have always been a reassured roof. I am grateful to the teachers Jung Unchae, Yoon Chang-seok, Kim Ji-hye, Yoon Han-ro, Oh Hyung-yeop, and Choi Dong-ho who was shining the light on the way forward.

One of the little rules I've been following so far has been to leave the first page blank. I thought the blank front page would protect the rest of the sheets. In the future, I will use the blank paper as a shield and a blanket to fill in the notes given to me.

Finally, I would like to express my deepest affection to the late poet Kim Hee-jun, who was awarded last year. The voices of the children in Tongyeong reading poetry while sitting next to us have been connecting us all the time. We believe that some sentences do not end when they leave. thank you.

I will write continuously.

이혜미 시인

1987년 경기도 안양에서 출생. 건국대 국어국문학과, 고려대 국문과 대학원 졸업. 2006년 《중앙신인문학상》에 시부문에 당선되어 등단. 시집으로 『보라의 바깥』(창비, 2011)과 『뜻밖의 바닐라』(문학과지성사, 2016),『빛의 자격을 얻어』(문학과지성사, 2021)가 있음. 2009년 서울문화재단 문예창작기금 수혜. 제15회 웹진 시인광장 선정 올해의좋은시賞 수상.

Poet LEE, HYEMI

Born in Anyang, Gyeonggido in 1987. Graduated from Konkuk University, Department of Korean Language and Literature & Graduate Scool of Korea University. Debuted by selecting to the poetry section the Choong Ang Rookie Literary Award in 2006. There are 『Outside of the Vlolet』(Changbi, 2011) and 『Unexpected, Vanilla』(Literature and Intelligence, 2016),『Getting the qualification of light』(Literature and Intelligence, 2021). Received Seoul Arts Foundation Creative Writing Fund in 2009. Won the 15th Best Poem of This Year Prize selected by Webzine PoetsPlaza.

— 영역 우원호(英譯 禹原浩) | 웹진 시인광장 발행인 겸 편집인
Translation into English by WOO, WONHO(Publisher and Redactor of Webzine PoetsPlaza)

2022 웹진『시인광장』선정 올해의 좋은 시100選 시론詩論

무의식 속 자아와 자각하는 자아 사이의 균형과 견제를 위무하는 역동逆動,dynamic적 외침

–이혜미의 시 '도넛 구멍 속의 잠'

이 령(시인, 웹진 시인광장 편집부주간)

도넛 구멍 속의 잠

　당신 그 꿈 얘기 좀 해 봐요 초콜릿이 흘러넘치는 도넛 상자를 들고 설탕 사막을 찾아가던 꿈

　고운 모래들이 은빛으로 반짝였고 목구멍을 한껏 열어 바람 냄새를 맡으면 달콤한 입자들이 기도까지 흘러들어왔어요 도넛들과 함께 설탕모래 위를 구르며 이번 생을 자축했어요 이렇게 달콤한 잠이라니 최고다 예상 못한 선물이야 도넛이 많아질수록 새로 생긴 동그라미들이 늘어서고 그들의 중력이 흰사막을 빨아들이기 시작하고 세상이

　구멍과 구멍 아닌 것으로 나뉠 때 고대에서 온 인간처럼 거대한 도넛의 주위를 맴돌았어요 설탕 범벅이 된 채 동그랗게 모여드는 하늘을 바라보다 뒤늦은 깨달음이 찾아왔습니다 우린 아주 긴 구멍을 가진 도넛들이었군요

이대로 마음을 시작할 수 있겠어요? 당신 코 고는 소리를 들으며 낡은 자루에서 설탕이 쏟아져 내리는 모습을 상상했어요 짙어지는 수면으로 고르게 내려앉는 단잠의 소리

코 골 때의 당신은 꼭 웃다가 우는 것 같지 잠든 자의 벌린 입속으로 흘러들어가 검게 절여진 구멍을 구해올 수 있겠어요? 세 마디로 이루어진 행성이 있어서 우린 생의 대부분을 그 주위를 맴돌며 보낸다고요 매일 새로운 궤도의 웃음을 개발하려

우리가 떠나온 세계에는 더 이상 지어낼 입술이 없군요 깨어나면서, 단것으로 얼룩진 잠을 털어내면서, 구멍이 도넛을 존재하게 하듯 어리석음은 매번 꿈으로부터 우리를 구출해내는군요

기억해요 만약 어젯밤 꿈속에 두고 온 영혼이 있다면 수상하고 달콤한 도넛 속에 웅크려 당신을 기다린다는 거

— 웹진 『시인광장』 2020년 12월호

안정적인 인간의 행태는 의식과 무의식의 견제와 균형을 통해 발현된다. 무의식은 끊임없이 의식으로 표출되고 의식은 그 방어기제로써 작용하기에 사람의 마음은 늘 의식과 무의식의 균형과 견제의 역동적 긴장상태에 놓이기 마련이다.

시에서 시적 화자는 시인을 대변하거나 시적 대상을 관찰하기도 하는 시인에 의해 창조된 허구적 인물이다. 따라서 시인 자신일 수도 있으며 구체적으로 표면화되지 않을 수도 있다. 시인은 시인의 방식으로 사물과 현상을 인식하고 시인이 시에서 호명하는 사물은 시인의 사유와 마주쳐 비로소 존재하기에 시인은 적극

적으로 사물을 구성하는 코페르니쿠스적 인식의 전환자로서 허구를 통해 생의 진실을 찾고자 부단히 노력하는 다소 허무맹랑하지만 의미 있는 관측자라고 해도 무방할 것이다.

현재 의식되지는 않지만 전에 의식했던 것이 저장된 것으로 주의 집중을 통해 쉽게 의식될 수 있는 경험을 전의식(preconscious)라 하는데 이것이 의식과 무의식의 영역을 연결하는 통로이자 경계라 할 수 있다. 의식 속에 내재되어 있던 것이 전의식으로 나오고 전의식 수준에서 다시 의식으로 표출된다.

자유연상을 분석하고 개인적 욕구를 이해함으로써 꿈의 의미를 파악할 수 있다. 꿈은 꿈꾸는 이의 내면적 심리의 반영이며 이상과 현실의 균형을 유지해주는 통로다. 따라서 어떤 금지된 욕구를 위장하지 않는 현상에 대한 심리적 작용이라 할 수 있다. 이렇듯 꿈은 일상적으로 나타나는 가상의 영상이다. 영국의 철학자 버트런드 러셀(1872~1970)은 "우리가 깨어있는 삶이라고 부르는 것은 끊임없이 계속되는 악몽에 지나지 않을 수도 있다" 더 나아가서 "지금 내가 꿈꾸고 있다고는 믿지 않지만 꿈꾸고 있지 않다고 증명할 수도 없다"고 했다.

깨어있는 삶에는 어떤 일관성이 있으나 꿈은 일관성이 결여되어 그것을 이해하기란 쉽지 않다. 잠이 꿈을 꾸는 공간이라면 도넛의 구멍은 욕망의 결핍이라 할 수 있다. 당선작인 '도넛 구멍 속의 잠'은 결핍에 대한 극복의 의지이자 위무의 발화이다.

제15회 웹진『시인광장』'올해의 좋은시賞' 최종 수상자인 이혜미 시인의 '도넛 구멍 속의 잠'은 꿈과 잠을 통해 우리의 육체와 정신을 오가는 경계를 이야기 하고 있다. 꿈속에서 마주한 도넛의 구멍으로 치환된 현실의 결핍과 그 비어있음이 결국엔 채움으로의 동력이라는 함의가 성립된다. 그러므로 화자는 잠과 꿈이라는 전의식(preconscious)을 매개로 한 시적진실을 전하고 있다.

지구가 둥근 것이 아니라 도넛모양이라 할지라도 마젤란의 배는 역시 한 바퀴 돌아서 원래 위치로 돌아올 것이라는 푸앵카레의 추측을 시인이 의식했든 의식하지 않았든 이성적이고 직관적인 언어감각으로 '도넛 구멍 속의 잠'에서 개인적이거나 보편적인 삶의 담론을 침착하고도 신선하게 형상화했다.

"도넛들과 함께 설탕모래 위를 구르며 이번 생을 자축 했어요 이렇게 달콤한 잠이라니 최고다 예상 못한 선물이야 도넛이 많아질수록 새로 생긴 동그라미들이 늘어서고 그들의 중력이 흰 사막을 빨아들이기 시작하고 세상이
구멍과 구멍 아닌 것으로 나뉠 때 고대에서 온 인간처럼 거대한 도넛의 주위를 맴 돌았어요 설탕 범벅이 된 채 동그랗게 모여드는 하늘을 바라보다 뒤늦은 깨달음이 찾아왔습니다" -중략

이번 수상작 '도넛 구멍 속의 잠'에는 세상만사가 마냥 둥글지 않더라도 의지를 세워 일어서야 한다는 깨달음이 녹아있다. 현상을 인식하고 판단하는 능력은 그것을 인식하는 이들의 차원에 따라 달라진다. "도넛이 많아질수록 새로 생긴 동그라미들이 늘어서고" "도넛들과 함께 설탕모래 위를 구르며 이번 생을 자축"하려는 긍정적 사유체계가 깊이를 더한다.

결국, 결핍은 '텅'빔으로 끝나는 것이 아니라 "동그랗게 모여드는 하늘을 바라보"며 "단것으로 얼룩진 잠을 털어내면서, 구멍이 도넛을 존재하게 하듯 어리석음은 매번 꿈으로부터 우리를 구출해내는"'채움'으로 나아가는 비밀의 키(key)를 독자들에게 들어 보이고 있다.

이 령(시인, 웹진 「시인광장」 부주간)
경북 경주에서 출생. 동국대 법정대학원 졸업. 2013년 《시사사》 신인문학상을 통해 등단. 2015년 한중작가 공동시집 「망각을 거부하며」출간. 시집으로 「시인하다」와 「삼국유사대서사시―사랑편」 그리고 기타 저서로는 「Beautiful in Gyeongju―문두루비법을 찾아서」가 있음. 현재 웹진 「시인광장」 부주간, 문학동인Volume 고문, 동리목월기념사업회 이사, 경북체육회 인권상담위원

2022 제15회 웹진 『시인광장』 올해의좋은시賞 수상자와의 대담

눈을 감고 빛의 감정을 느껴봐

수상자 : 이혜미 시인
대 담 : 최규리(시인, 웹진 『시인광장』 편집장)

■ **최규리**: 안녕하세요. 웹진 시인광장이 선정한 올해의 좋은 시 수상을 축하드립니다.
　15회를 맞은 이번 수상은 올해의 좋은 시 300선에 선정된 시인들의 추천을 받아 1차로 100선을 선정한 뒤, 2차로 본선 후보작 10선을 가려 공정하
게 최종심사한 결과이며 동료 시인들의 추천으로 선정되었다는 점에서 의미가 크다고 생각합니다. 시인광장의 편집장으로 투표 과정과 집계에 참여했을 때 이혜미 시인님의 도넛 구멍 속의 잠은 다른 시인들의 압도적인 호응을 얻은 작품이었습니다. 선생님께는 어떤 의미가 있는지 알고 싶습니다.

□ **이혜미**: 안녕하세요, 시 쓰는 이혜미입니다. 먼저 귀한 자리에 초대해 주셔서 감사드립니다. 시인광장에서 진행하는 올해의 좋은 시 선정 과정은 오래전부터 보아왔기 때문에 잘 알고 있습니다. 지난 일 년간의 시들을 총괄해서 읽을 수 있는 기회
이기도 하지요. 특히 동시대에 함께 하고 계시는 시인분들이 직접 선택해 주셨다는 것이 감사하고 영광이라고 생각합니다. 더구나 「도넛 구멍 속의 잠」은 시인광장의 청탁을 받아서 쓰게 된 시라서 더 의미가 있네요. 웹진에 발표할 시라는 것이 은연중 마음 속에 있었던 까닭인지 조금 더 경쾌하면서도 강렬한 이야기를 해

보고 싶다고 생각하며 썼습니다.

■ **최규리**: 경쾌하면서도 강렬한 이야기에 모두 설득당한 것 같습니다. 최근 코로나 19 감염병으로 우리는 오랜 시간 죽음의 공포와 캄캄한 터널을 지나와야 했습니다. 이제 위드 코로나로 일상 회복의 출발 지점에 있습니다. 코로나 19 이전 선생님께서는 작품활동을 하시면서 크고 작은 행사와 강연 등으로 독자와 소통을 이루고 있었다고 알고 있습니다. 선생님의 요즘 근황은 어떠셨는지 궁금합니다.

□ **이혜미**: 제가 나가는 학교 강의들은 온라인으로 전환되었다가 대면으로 다시 바뀌는 중입니다. 그간 적지 않은 시간 동안 온라인 수업을 진행하면서 비대면 강의의 가능성을 여러모로 탐구해 볼 수 있었어요. 시 창작 수업은 대부분 텍스트를 기반으로 하기 때문에 비대면 수업으로도 크게 무리가 없고, 오히려 여러 가지 장점도 발견되었습니다. 시 합평을 할 때 채팅방에 모두가 의견을 올릴 수 있고 기록이 남는다는 점 등이죠. 그 밖에도 영상 강의나 시청각 수업을 개발해 보는 등 강의 쪽에서는 코로나로 인해 나름의 발전 방향을 모색해볼 수 있어 수확이 제법 있었던 시간이었습니다.

다만 낭독회, 행사 등이 많이 취소되거나 비대면으로 전환된 점은 아쉬움이 커요. 현장감 면에서도 그렇고 에너지의 주고받음에서 차이가 크더라고요. 어서 일상이 회복되어 독자분들과 반갑게 만날 수 있었으면 좋겠습니다.

■ **최규리**: 네, 빠른 일상 회복이 되었으면 좋겠습니다. 김왕노 심사위원장은 선정 작품에 대해 "비약의 간극으로 독자를 곤혹에 빠뜨리거나 혼란으로 이끌지 않는 신선함과 섬세함과 친화력, 구체성을 지니고 있다"고 평가했는데요. 자신의 시 세계를 한 문장으로 함축한다면 무엇이라고 할 수 있는지요?

▫ **이혜미**: "눈을 감으면 보이는 빛"입니다.

■ **최규리**: 눈을 감으면 보이는 빛"을 보기 위해 잠꾸러기가 되어야 할 것 같아요.(웃음) 이번 선정 작품 「도넛 구멍 속의 잠」은 "초콜릿이 흘러넘치는 도넛 상자를 들고 설탕 사막을 찾아가던 꿈"으로 시작됩니다. 초콜릿 도넛 상자와 설탕 사막이라는 극강의 달콤한 환상 속으로 쉽게 빠져들어 갑니다. 그러나 예상 못한 선물은 세상을 "구멍과 구멍 아닌 것"으로 나뉘게 됩니다. 구멍과 구멍 아닌 것의 경계에서 우리는 종종 서성이고 깊은 혼란을 자주 경험하죠. 선생님은 시인으로서 불확실한 미래에 혼란을 겪은 일이 있었는지, 있었다면 어떻게 극복하게 되셨는지요?

▫ **이혜미**: 아무래도 첫 시집이 나오기 전까지는 혼란과 불안이 많았어요. 그야말로 아무것도 붙들 수 없는 바다에서 혼자 허우적거리는 기분이었습니다. 시집이 나온 이후로는 부표처럼 책에 기대어 버렸어요. 쓰는 일은 불안함을 잠재우는 데 큰 힘이 되었습니다. 두려움을 마주 보고 이름을 붙여 주면 조금 덜 두려워지니까요.

■ **최규리**: 이 시의 후반부에서 "우린 생의 대부분을 그 주위를 맴돌며" "단것으로 얼룩진 잠을 털어내면서" "구멍이 도넛을 존재하게 하듯"이라는 부분은, 우리들의 실수와 어리석음에 대해 생각하게 하는 지점입니다. 우린 무작정 달콤한 세상을 향해 달려가고 그 달콤한 유혹에서 빠져나오지 못합니다. 자본주의의 향락과 성공주의는 설탕 사막처럼 우리의 육체와 정신을 뒤덮습니다. 그래서 도넛은 필연적으로 구멍이 존재해야만 하는 것 같습니다. 구멍은 우리로 하여금 갇히게 하는 입구이자 빠져나올 수 있는 출구이지 않을까요?

▫ **이혜미**: 출구와 입구는 대부분 하나입니다. 미시오와 당기시

오처럼 우리의 관점이 어디 있느냐에 따라 달라지는 듯해요. 도넛 구멍을 보는가 도넛을 보는가에 따라 시선의 방향이 달라지는 것처럼. 거대한 벽처럼 버티고 있는 이 완고한 세계에 어떻게 새로운 현을 엮어 연주해볼 것인지는 우리가 정해야 하는 것이겠지요.

■ **최규리**: 시와 시가 아닌 것의 경계를 구분하는 것은 무모한 일인지도 모르겠으나 어떻게 설명할 수 있을까요? 선생님을 시적이게 하는 순간은 일상의 어느 부분에서 발견되고 그 순간 어떻게 시적인 것을 포획하고 간직하는지, 시에 어떻게 적용하는지 시 습관이나 창작 방법은 무엇입니까?

□ **이혜미**: 예전에는 의식적으로 생각을 멈추거나 영상 등을 보며 여기가 아닌 멀리에 있기를 좋아했는데 지금은 거의 반대가 되었습니다. 요즘은 음악을 거의 듣지 않아요. 대신 생각의 시끄러움을 제한하지 않기로 했습니다. 2년 정도 되었어요. 달리기를 자주 하는데 한 번 달리면 한 시간 반 정도 천천히 뛰어요. 달리는 동안 마구잡이로 떠오르는 생각들을 최대한 맛보고 굴려 봅니다. 그러면서 문장이 정리되거나 새로운 아이디어가 떠오르기도 해요.

■ **최규리**: 달리는 시간이 곧 시에 가담하는 길로 접어드는 소중한 시간이 되었나 봅니다. 선생님은 시집으로『보라의 바깥』『뜻밖의 바닐라』가 있습니다. 얼마 전 세 번째 시집『빛의 자격을 얻어』를 출간하셨는데요. 첫 시집『보라의 바깥』에서는 어둠 안에 잠겨있는 시적 화자를 발견하게 됩니다. 첫 장「얼음편지」는 "어떤 문장들은 사라지기 위해 태어납니다"로 첫 문장이 인상적입니다. "냉해 입은 식물의 어두운 뿌리가 되어 문장들 속으로 저물어가고 싶"다고 하였어요. 타자와의 관계는 확장되기보다는 폐쇄되고 소극적인 태도를 갖고 있습니다.「보라의 바깥」에서도 "나는 도망친다/빛으로부터." 시적 화자는 빛으로부터 달아나며

세상과의 단절을 스스로 선택하고 있어요. "세계는 투명하고 위태롭게 빛난다"고 화자의 두려움이 느껴집니다. 그러나 이번 시집에서 "빛의 자격을 얻어 잠시의 굴절을 겪을 때"(「홀로그래피」), "최선을 다해 빛에 얻어맞고 비틀거리며 돌아오는 길"(「빛멍」)으로 시적 화자는 단단해져 있음을 알 수 있어요. 정면으로 돌파해가는 시적 주체로 성장했습니다. 선생님은 오랫동안 어둠과 빛의 존재적 근원을 찾아가고 있었는데요. "돌이켜보아도 무례한 빛이었다"라고 표현하신 의미에 대해 부연 설명을 듣고 싶습니다.

□ **이혜미**: 오, 그렇게 말씀해주시니 무척 진취적인 사람이 되어 돌아온 것 같아서 괜히 뿌듯한 마음이 드네요.(웃음) 깊이 읽어주셔서 감사합니다. 앞서도 잠시 말씀드렸지만 어둠과 빛은 계속해서 마음을 사로잡는 주제였던 것 같습니다. 심지어는 등단할 때 당선 소감에도 옷장 속 어둠과 빛 이야기를 썼더라고요.
 타자와의 관계를 대하는 태도의 변화는 실제 저의 변화와도 맞물리는 것 같아요. 폐쇄적이었던 어린 시절에서 사람의 아름다움에 눈뜬 최근에 이르기까지 제가 지나온 시간들이 시집에 묻어난 것 같습니다. 어쩌면 어린 시절 외로움에 목말랐던 마음이 반동으로 너무 크게 열린 것은 아닌가 싶기도 해요. 그래서 「빛멍」은 아름다움에 상처 입는 이야기입니다. 태양을 맨눈으로 바라보면 치명적인 것처럼 너무 빛나는 것은 우리를 훼손시키기도 한다고 생각해요. 빛을 바라본 뒤 눈꺼풀 안쪽에 남는 푸른 멍 자국처럼요. 잘 지적해 주셨듯 「보라의 바깥」에서의 도망침은 빛을 겪기 전 미리 두려워 떠나가는 것이고 「빛멍」은 "빛의 자격"을 경유한, 한 번 통과한 이후의 술회 같아요.

■ **최규리**: 안과 밖의 이야기는 재료의 원형이 되어 도넛이 되기 이전의 시간인 밀가루의 원형으로 돌아가고자 합니다. 그러므로 '보라의 바깥'은 '뜻밖의 바닐라'를 마주하게 되는 것이 아닐까요.

어떤 것을 부풀어 오르게 하는 힘과 향기로 『뜻밖의 바닐라』의 시집은 탄생했을 것입니다. 이때 비로소 잠에서 깨어나게 되지요. 사라지는 문장들은 정말 사라졌을까요? 세상의 어느 곳에 녹아 스며들어 또 다른 존재를 잉태하고 있을 것입니다. "부화하는 방들, 나는 보랏빛 알들을 몸속에 잔뜩 슬어두었습니다"「퍼플 버블」은 결국「인어의 시간」을 경과하여 반인반어가 되어 미지의 바다를 항해하려는 굳은 의지를 품고 있습니다. 그리하여「0번」에서 "둥그런 관의 기억 매시간 죽음을 살며, 다시 태어나는 준비를 하며" 존재의 회귀를 시도합니다. 『뜻밖의 바닐라』에서「밀가루의 맛」은 곧「날개의 맛」으로 전환하며 날아오르려는 능동적인 본능을 표현합니다. "너, 매일 다시 타오르는 몸"(「화어가 담긴 어항」)으로 호소하고 있음을 느낍니다. 선생님은 다시 원점으로 되돌아가기를 선택한 시점이 있으신가요?

▫ **이혜미**: 이렇게 글로 두 시집을 만나게 해 주시니 감사합니다.(웃음) 회귀나 반전(뒤집힘), 출발했던 지점으로 돌아가기, 회전목마, 솟구쳤다 떨어지기 혹은 박차고 날아오르기 등은 제가 무척 좋아하는 모티프들입니다. 움직임의 가능성들과 방향을 가늠해 보는 작업을 재미있어야하는 것 같아요. 그것이 무엇이든 정적으로 고여 있는 것보다는 이곳에서 저곳으로, 어떤 상태에서 다른 상태로 바뀌어가는 지점을 바라보려 합니다.

■ **최규리**: 동그란 구멍 안에서 달콤한 잠을 자고 싶은 날입니다. 『빛의 자격을 얻어』에서는 그 달콤함이 한 층 더 증폭되고 있습니다.「밤식빵의 저녁」「시나몬에 대해서라면」「슈가 포인트」「당분간 달콤」 선생님은 실제로 빵을 좋아하시나요? (웃음)

▫ **이혜미**: 자주 먹지는 않는데 아주 좋아합니다. 빵을 먹는 것도 좋아하지만 오히려 바라보기, 냄새 맡기, 생각하기 같은 빵 주변의 것들을 더 좋아하는 것 같기도 해요. 특히 빵이 구워지는

냄새를 좋아합니다. 아까 말씀드린 달리기 코스 중간에 빵집이 있거든요. 그곳을 지나기 위해 일부러 길을 돌아갑니다. 최대한 천천히 빵집 앞을 지나가죠.(웃음) 냄새만 맡아도 힘이 나는 느낌이에요.

■ **최규리**: 갓 구운 빵 냄새는 삶을 참 풍요롭게 하는 것 같습니다. 이렇게 빵은 삶의 굴곡진 삶의 골짜기를 넘으며 "열쇠 구멍처럼" "비밀을 속삭이는 입 모양처럼"(「재의 골짜기」)를 통과할 때 꼭 필요한 준비물 같다고 생각하게 됩니다. "실타래가 풀려/ 새로운 면과 색을 얻듯" "우리는 곁에 없을 때 사랑한다"(「겨울의 목차」)처럼 늘 우리는 서로를 비껴가고 어긋나고 낱장으로 쌓이게 됩니다. 일상의 새로운 국면에 닿을 때 우리는 서툴지만 새로운 모양의 스웨터를 짤 것입니다. 선생님은 시 창작의 시간에서 새롭게 만나는 국면이나 전환점을 맞이하여 고민한 경험이 있으시나요?

□ **이혜미**: 세 번째 시집이 나오니 정말 그런 생각을 더 하게 되는 것 같습니다. 앞으로 어떤 시를 써나가야 할 것인가. 특히 요즘은 시의 물성에 대한 고민을 많이 해요. 시는 물리적으로 평면이잖아요. 종이 위에 누워 있거나 핸드폰 화면에 납작하게 늘려 있죠. 어떻게 하면 그것을 입체적으로 느끼게 할 것인가를 많이 생각해요. 읽는 사람의 상상과 느낌 속에서 무한으로 거대해질 수도 있겠지만 지면이라는 공간과 언어라는 상황으로 제한을 받기도 하니까요. 메타버스 같은 이야기까지는 하지 않더라도 좀 더 다양하고 새로운 방식으로 시를 쓰거나 읽을 수 있는 방법에 대해 모색해 볼 시점이라고 생각해요. 혹은 가상현실의 시대에 시만이 할 수 있는 영역이 무엇인지를 탐구해야겠죠.

■ **최규리**: 가상현실의 시대에 시만이 할 수 있는 것은 어쩌면 씨앗이 되는 것이기도 합니다. "수없이 많은 씨앗들을 그러모으

며 가장 보편적인 표정을 지니려"(「뜻밖의 바닐라」)는 시적 주체의 식물성은 "달콤에 대한 첫 번째 감각"으로 서로 같은 감정을 공유하려는 마음을 엿볼 수 있었습니다. 사회의 관계 맺기는 가장 보편적인 형태로 다가옵니다. 첫 번째의 감각은 누구나 쉽게 느껴지는 보통의 감각일 것입니다. 씨앗들은 가장 보통의 모습으로 풀처럼 비슷하게 싹을 틔워 자랍니다. 바람과의 관계 맺기를 위해 수없이 흔들려야 할 것입니다. "점점 창백해지는 혀를 안으로 말아 넣으며"(「미기록의 날들」) 우리는 안으로 가두는 언어들을, 기록되지 않은 말들과 친숙하지 않습니다. 마주하기 힘든 내 안의 씨앗을, 세상에 던져지기 두려운 내적 영토를 어떻게 마주해야 할까요?

▢ **이혜미**: 어렵죠…… 보편이나 일반적 같은 말들, 사실 「뜻밖의 바닐라」를 내면서 그런 평범함이나 대중성에 대해 많이 고민했었어요. '바닐라'라는 말은 성적 취향의 평범함에 대한 은유적 속어죠. 바닐라 아이스크림처럼 일반적이고 널리 선호된다는 의미로서요. 하지만 사실 우리 중에 완벽하게 평범하거나 완벽하게 대중적인 사람이 어디 있겠어요. 모두 각자의 이상함을 품고서 바닐라의 얼굴을 하고 살아가는 것이겠지요. 말씀하신 "내적 영토"를 다른 말로 취향, 본색, 비밀, 마음 같은 것으로 바꿔 불러볼 수 있을 것 같아요. 모두 내밀하면서도 우리가 풍부한 생을 살아가기 위해 꼭 필요한 것들이네요. 다들 '뜻밖의 평범함'과 '평범함 속 뜻밖의 모습' 양쪽을 가지고 그것들을 넘나들며 지내는 것 같아요.

■ **최규리**: 우린 때때로 뜻밖의 빛과 조우하게 되지요. "사람은 빛에 물들고 색에 멍들지" "멀리, 생각의 남쪽까지 더 멀리"(「원경」) 이렇게 빛의 자격을 얻은 것일까요.
　"나무를 꿈꾸게 하려고" "차이와/간격에 대한"(「종이를 만지는 사람」)에서 서로 다른 존재들의 공존과 협치를 생각해봅니다. 빛은 숲을 이룬 곳에서 반짝입니다. 그러나 마냥 빛나지만은 않습니다. "어지럽고 슬픈 빛의 유희를 함께 겪더라도" "상처로 더럽혀진 보름달"(「여행하는 열매」)로 조금씩 벌어지는 균열은 "남겨두고 온 것들은 모두 문"이 되기도 하고 "우리는 문의 속내를 끝내 알 수 없습니다"(「깊어지는 문」)의 상태로 문 앞에 도착했습니다. "곁을 비우며/멀어지는 손끝처럼"(「닫힌 문 너머에서」) 문과 문 너머의 경계에서 문 너머의 영역을 확장하려면 어떤 노력이 필요할까요?

▢ **이혜미**: 우리는 지구라는 행성을 여행하기 위해 왔지요. 그래서 몸은 일종의 우주복입니다. 갈아입을 수도 벗어버릴 수도 없어요. 그래서 우리의 지각할 수 있는 능력, 세계를 듣고 보고 만지며 느끼는 매개체로서의 몸이 중요한 것 같아요. 몸의 감각이 확장될수록 경험할 수 있는 세계도 많아지죠. 어쨌든 이 세계에 착륙한 이상 "색(色)과 압(壓)의 연합군"에 맞서야 하고, 어쩔 수 없이 "빛에 물들고 색에 멍들" 수밖에 없으니까요. 몸과의 오랜 친교를 잘 유지하고, 세계의 벌린 틈 사이로 요령 있게 침입해 들어가야 할 것 같습니다.

■ **최규리**: 선생님의 시를 한 겹 더 입고 좁은 틈을 헤쳐나가도록 하겠습니다. 지금까지 부족한 질문에 응해 주셔서 감사드립니다. 앞으로의 계획과 보충하고 싶은 말씀을 부탁드립니다.

▢ **이혜미**: 모두 지켜봐 주시고 마음 주시는 덕분입니다. 열심히 꾸준히 쓰겠습니다. 읽어주셔서 감사합니다.

■ **최규리**: 귀중한 시간 내어 주셔서 고맙습니다. 도넛 속의 작은 동그라미 세상은 편안하고 따뜻한 세상이면 좋겠습니다. 눈을 감으면 보이는 빛이라고 하신 시인님의 말처럼 눈을 감고 내면의 영토가 촉촉한지 토닥여주면 분명 한 줄기 빛이 이마에 도착할

것입니다. 감사합니다.

- 이혜미 시인(제15회 올해의좋은시賞 수상자)

    1987년 경기도 안양에서 출생. 건국대 국어국문학과, 고려대 국문과 대학원 졸업. 2006년 《중앙신인문학상》에 시부문에 당선되어 등단. 시집으로 『보라의 바깥』(창비, 2011)과 『뜻밖의 바닐라』(문학과지성사, 2016),『빛의 자격을 얻어』(문학과지성사, 2021)가 있음. 2009년 서울문화재단 문예창작기금 수혜. 제15회 웹진 시인광장 선정 올해의좋은시賞 수상.

- 최규리 시인(웹진『시인광장』편집장)

    서울 예대 문예창작과 졸업. 2016년 《시와 세계》로 등단. 시집으로 『질문은 나를 위반한다』(시와세계, 2017)가 있음. 현재 웹진 『시인광장』 편집장, 계간 『시와 세계』 편집장. 동서문학회 회원

    웹진 시인광장【Webzine Poetsplaza SINCE 2006】

■ 제15기 웹진『시인광장』편집위원 특집대담

비대면 시대에서 문단의 현 주소와 미래, 우리 문학인이 나아갈 방향 모색

【웹진 시인광장 Webzine Poetsplaza SINCE 2006】 2021년 11월호

위로부터 김왕노 편집주간, 이령 부주간, 최규리 편집장,
강순 편집위원, 배세복 편집위원, 김효은 편집위원,
김광호 편집위원

진행 : 이 령(시인, 웹진『시인광장』부주간)
대담 : 김왕노(시인, 웹진『시인광장』주간)
　　　최규리(시인, 웹진『시인광장』편집장)
　　　강 순(시인, 웹진『시인광장』편집위원)
　　　배세복(시인, 웹진『시인광장』편집위원)
　　　김효은(시인, 웹진『시인광장』편집위원)
　　　김광호(시인, 웹진『시인광장』편집위원)

[■－질문　□－답변]

■ **이　령**: 안녕하세요? 「비대면 시대에서 문단의 현 주소와 미래, 우리 문학인이 나아갈 방향 모색」이란 주제를 가지고 웹진 『시인광장』 편집위원회의 특집대담 진행을 맡은 이령 부주간입니다. 웹진 『시인광장』이 이번에 제 15기 새로운 편집진으로 개편된 후 처음으로 한자리에 모이게 되었습니다. 사실, 위드 코로나(With Corona) 시대로 접어들면서 문학 활동에 있어 우리 웹진(Webzine)의 중요성과 파급효과가 더 커지고 있다는 생각이 듭니다. 따라서 오늘 편집위원 비대면 회의 및 특집대담이 더욱 의미가 있다는 생각이 듭니다. 선생님들 반갑습니다. 먼저 김왕노 주간님부터 좋은 의견을 부탁드리면서 이번 대담을 지금 시작하겠습니다.

□ **김왕노**: 그래요. 그럼 본인부터 이야기를 시작하죠.
　편집위원 여러분! 반갑습니다. 김왕노 편집주간입니다. 비대면의 만남이기에 더 거리감이 없어진 것 같습니다. 지난달인 11월에 새로이 개편된 제15기 편집진의 구성 이후, 여러분들과는 실제로 오래간만이자 처음이라 더욱 반갑습니다.

□ **최규리**: 안녕하세요? 편집위원 여러분! 반갑습니다. 최규리 편집장입니다.

□ **김효은**: 안녕하세요? 이번에 편집위원으로 함께 활동하게 된 김효은입니다. 대학에서 강의하고 있고, 시와 평론을 씁니다. 코로나 때문에 사적, 공적 모임과 만남들이 축소되고 거리두기가 강화된 고립된 누구에게나 힘든 시기이죠. 터널 같은 시간에 맑은 햇살 같은 선생님들을 만나 이렇게 귀한 인연을 맺게 되어서 기쁘고 또 반갑습니다. 제가 연배도 어리고 미흡함과 부족함이 많으니 여러 가지로 잘 부탁드리겠습니다.

□ **배세복**: 안녕하세요? 선생님들! 이번에 새로 합류하게 된 배세복입니다. 사실, 『시인광장』은 제게 아주 익숙한 곳입니다. 지

금도 시단에서 그다지 잘 알려진 시인은 아니지만, 등단 이후 시집 한 권도 내지 않았던 무명의 시절에 저를 아주 따뜻하게 맞이했던 곳이기도 합니다. 이번에 『시인광장』의 편집위원 된 것을 영광으로 생각합니다.

▫ **강 순**: 안녕하세요? 코로나19로 많이 힘든 시기인데 모두 잘 견뎌내고 있으신지요? 각자의 위치에서 좋은 작품을 생산해 내는 선생님들께 존경의 마음이 앞섭니다.

▫ **김광호**: 안녕하세요? 2020년 문학사상으로 등단한 김광호 시인입니다. 이번에 새롭게 『시인광장』 편집위원으로 함께하게 되었습니다. 『시인광장』의 주간님, 부주간님과 편집위원분들께 열심히 배우는 동시에 시인광장 발전에도 도움이 될 수 있도록 더욱 노력하겠습니다.

■ **이 령**: 그럼, 지금부터 김왕노 주간님을 주축으로 갓 등단한 김광호 시인까지 문단에서 활발하게 시작에 임하고 계신 중진, 중견, 신예 편집진과 함께 편집위원 회의 및 「비대면 시대 문단의 현주소와 미래 문학인들이 나아갈 방향성 모색」이라는 주제로 특집 대담을 진행하도록 하겠습니다.

　대면이 어색해지고 오히려 비대면 소통이 자연스러워지는 시국을 우리들은 지금 겪고 있습니다. 어떤 변화들을 맞이하고 있는지요? 각자 다양한 생업에 종사하고 계시니 변화된 이야기들 나누시기 바랍니다.

▫ **최규리**: 서로 비슷한 경험들을 할 것 같아요. 회사에서도 회의를 화상과 메신저로 하거나 재택근무를 병행하고 있습니다. 비대면 소통이 처음에는 낯설었는데 이젠 익숙해졌고 오히려 시간 단축과 불필요한 과정을 패스할 수 있는 것이 좋았어요.

▫ **김효은**: 저는 십 년째 대학에서 강의하고 있습니다. 코로나19로 1년 반을 비대면으로 수업을 했어요. 집에서 영상을 녹화해서 학생들에게 시청하게 해서 지난 세 학기 동안에 수강한 친구들의 경우 저는 얼굴과 목소리를 몰라요. 안타까운 일이죠. 다행히 이번 학기부터는 시범 강의에 선정되어서 대면 강의를 다시 모험적으로 시행하고 있고요. 오랜만에 대학 신입생들과 소통하니 숨통이 트이고 행복한 느낌마저 듭니다. 학생들도 많이 좋아하고요. 다만 수업 도입부 15분 정도는 아이들이 모니터를 보듯이 경직된 표정으로 저를 바라본다는 것. 분위기를 녹이느라 제가 무척 노력을 하고 있습니다. 우려했던 바와 달리 아무 문제없이 한 학기가 또 마무리 되어 가고 있어서 이제는 어쩔 수 없이 우리가 '위드 코로나'를 받아들여야 하는 건가 싶고, 팬데믹의 일상화를 실감하게 된 요즘입니다.

▫ **김왕노**: 비대면이라 소통이 사라진 것이 아니라 비대면이므로 더욱 소통이 내밀해 질 수 있는 것 같습니다. 단절의 시기라지만 이 단절이 문학을 더욱 풍부하게 만드는 계기도 될 것 같습니다. 더 돈독한 우리라는 울타리를 가지게 할 것 같습니다.

그리고 무엇보다 지금 일반 국민들은 물론이고 예술계나 체육계를 비롯하여 여러가지 분야의 전문 직종에 종사하는 사람들과 특히 시인이나 소설가들 같은 문학인들 같은 지식인이 코로나19의 펜데믹 영향으로 겪고 있는 사람들의 사망율 증가로 인해 바이러스 감염의 예방 차원에서 정부에서 적극 권장하는 마스크 쓰기 의무화와 거리두기 생활화는 비단 우리나라만이 겪는 특수한 상황이 아니라는 점입니다.

▫ **강 순**: 저는 학생들 지도에 있어 비대면 수업으로 한동안 어려움을 겪기도 했습니다. 학생들이 컴퓨터 화면에 얼굴을 보여주지 않거나 목소리를 들려주지 않으면 교사 입장에서는 고립감과

소외감이 들면서 동시에 쌍방향 의사소통에 실패하고 있다는 무력감까지 들거든요. 처음에는 학생들의 그런 태도에 분노가 생기기도 했어요. 하지만 시간이 지나면서 학생들을 이해하게 되니까, 그런 상황 자체를 인정하게 되어 마음이 좀 편해졌다고 말씀드릴 수 있네요.

▢ **배세복**: 저는 고등학교에서 학생들을 가르치고 있습니다. 코로나 시국에 모두들 많은 변화를 겪었겠지만, 학교라는 공간만큼 변화가 컸던 공간이 없지 않았나 싶습니다. 학생은 그 어느 때보다 수많은 정보 속에서 이를 활용하는 능력과 함께 자율적으로 공부해야 하는 능력이 중요했던 시기였던 것 같습니다. 또한 교사는 양질의 컨텐츠를 확보하고 이를 활용하는 능력이 필요했던 것 같습니다. 개인적으로 저는 대면 관계가 아니다 보니 답답한 경우가 너무 많아서, 이를 이겨내고자 어쩔 수 없이 인내심이 많이 키워졌습니다.

▢ **김광호**: 저는 초등학교에서 학생들을 가르치고 있는데요 학교에서도 코로나로 인해 많은 변화를 겪었습니다. 코로나 이전부터 4차 산업 혁명 시대를 맞아 비대면 쌍방향 온라인 수업이 대두되고 있었는데 코로나로 인해 갑자기 미래가 아닌 지금 우리에게 다가온 것이죠. 처음에는 교사와 학생 모두 어려운 시간을 보냈지만, 곧 온라인 수업의 방식과 기술들에 대해 적응하면서 다행히도 교과 수업이 가능한 수준까지 이르게 되었습니다. 다만, 비대면 수업이 빠르게 학교에 정착하는 모습을 보면서 학교의 역할도 이제 곧 큰 변곡점을 맞이할 거라는 생각을 하게 되었습니다. 개인주의가 만연한 사회에서 학교조차 단절된 관계를 향해 가는 것이 조금 안타깝게 느껴졌습니다. 코로나로 인해 어쩌면 곳곳에 내재되어 있던 비대면의 욕구가 폭발했다고도 볼 수 있죠.

■ **이 령**: 그러고 보니 현 편집진 대부분이 교육 분야(전 현직 교사, 대학 강사, 학원 강사)에 종사하고 계십니다. 비대면 이라 소통이 사라진 것이 아니라 비대면 이므로 더욱 소통이 내밀해 질 수 있는 것 같다는 말씀이 위드 코로나에 대처하는 어떤 긍정적인 목소리로 들립니다.

사실 로버트 파커가 말한 '사회적 거리 두기'라는 것이 지금 언급되고 있는 물리적 거리라기보다는 심리적 거리와 더 가까운 용어가 아닐까 싶습니다.
인간의 자아는 각자 심리적인 경계선을 가지고 있으며 타인이 이러한 경계선 안쪽으로 과도하게 가까워지는 것에 불편함을 느끼고 외부의 간섭 없이 자신만의 심리적 공간이 유지될 때 독립적 자아가 유지되며 그 안에서 비로소 편안함을 유지하는 것인데. 결론적으로 예술인들이 추구하는 '자발적 고립'이 작금의 '사회적, 심리적 거리두기'로 현실화 되고 있다는 생각이 듭니다. 그런데 시인들의 자발적 고립이란 결국엔 자아성찰의 시간적 공간적 여유를 확보하기 위한 자연스러운 행태가 아닌가 하는 생각을 하게 됩니다.
시인이라면 대게 시가 세계에 대한 미메시스^{mimesis} 즉, 모방인가? 혹은 세계의 부정성을 닮아감으로써 오히려 세계의 변화에 호소할 것인가? 타인의 고통과 연대하는 것인가? 에 대한 여러 고민들이 있으실 텐데요. 어떤 자세로 시작詩作에 임하시는지요?

□ **김효은**: 선생님께서 말씀하신 부분들은 시인이라면 전부 다 공감, 회의, 끌어안고 가야 하는 과제이자 질문들 같습니다. 다만 세계의 긍정성이든 부정성이든, 시인의 미적 감수성과 섬세한 통찰, 치열한 문제의식, 언어적 실험 등, 정교한 공정 과정을 거쳐 작품이 나와야 한다고 생각합니다. 또한 표현이든 의식이든 감각이든 새롭지 않으면 의미가 없다고 생각해요. 평론가 입장에서 시를 읽을 때, 비슷비슷한 시들이 너무 많아서 식상하고 진부하게 느껴질 때도 많아요. 그런데 시인의 입장에서 시를 쓸 때

는 새롭게 쓰는 것이 저부터가 또 굉장히 어렵더라구요. 저는 평론과 시, 논문 세 장르를 오가다 보니 '모드' 전환하는 데에 예열 시간이 걸려 조금 버벅거리기도 합니다. 그래도 시 쓸 때가 제일 행복하지요.

▫ **강 순**: 저는 자아와 세계를 부정하는 데서 시쓰기를 시작합니다. 아시다시피 '부정성'은 헤겔 변증법 근본 법칙의 하나입니다. 사물이나 정신은 모두 내부에 자기모순을 내포하고 있기에 이로 인하여 첫 번째 자기를 부정하고, 다시 그 상대적 대립 그 자체를 부정하여 한층 높은 종합 통일로 나아가는 일이지요. 예컨대, 나는 내가 아니다, 혹은 시계는 시계가 아니다. 이런 식으로요. 그러다 보면, 그런 시발점들의 귀결점은 세계와 자아의 투쟁으로 생산된 어떤 창조적인 개념에 닿을 거라고 믿지요.

▫ **김광호**: 시작에 대한 태도는 한 가지로 정의하기는 어렵다고 봅니다. 시인이라면 세계에 대한 모방과 변화, 타인에 대한 공감은 모두 지니고 있어야 하며 그러기 위해 노력해야 하는 사람들이라고 생각합니다. 시라는 특성상 다른 문학 분야보다 다루는 주제나 형식 등이 다양하고 방대하기 때문에 이러한 태도가 가능하리라 봅니다. 즉, 어떤 시를 쓰느냐에 따라 시인의 태도는 변할 수 있고, 그로 인해 시인의 시 세계가 확장될 수 있다는 것이죠. 그래서 저는 시를 쓰고자 하는 주제와 분위기에 따라 시작에 임하는 태도를 달리하려고 합니다. 포르투갈의 시인, 페르난두 페소아는 70여 개의 이명으로 시를 썼다고 합니다. 이러한 욕구는 비단 페소아 뿐일까요.

▫ **김왕노**: 시대가 궁핍해지면 궁핍을 채우고 결핍된 것을 보충하는 것이 문학의 역할이자 시의 역할이기도 합니다. 그러나 어떤 불안이 작용하는지 몰라도 책을 손에 놓고 스마트 폰이나 영상을 통해 불안을 잊으려하는 시기 같아 문학이 시가 도리어 불

안해하는 것 같습니다. 많이 위축되는 것 같습니다. 그렇지만 페스트가 유럽을 휩쓸 때 보카치오가 데카메론이란 걸작을 쓰고 페스트를 알베르 카뮈가 썼다는 것을 염두에 두고 시에 전념해야 할 것 같습니다. 저도 그런 좋은 글을 쓰겠다는 각오로 시작에 임하고 있습니다.

▫ **배세복**: 처음 시 쓰기는 타인의 고통과 연대하고 싶은 열망에서 출발했습니다. 지금도 이 열망은 변함이 없습니다. 다만, 타인의 고통을 제가 정확히 알지 못한다는 한계는 자칫 선민의식이라는 난제에까지 봉착하게 되었습니다. 개별자로서의 존재가 타자의 고통을 정확히 인식하는 것이 과연 가능한 것인지에 대해 고민하고 있습니다.

▫ **최규리**: 미메시스라고 하면 플라톤과 아리스토텔레스가 먼저 떠오릅니다. 그리스인들이 생각했던 '모방적' 예술의 본질은 그것이 비실재적 사물을 산출한다는 것이었는데요. 비실재, 허구, 허상, 환영 등 비실재적 창조가 사실상 실제 사물들을 모방하고 있다고 할 수 있겠죠. 플라톤에게 모든 유형의 시는 '인식'이었다고 한 것처럼 저에게도 시는 인식에서 출발하죠. 인식이 영감에 의한 이상적 존재를 향한 것인가와 감각적 실제의 재현이나 재생에 치중하는 가는 차이가 있겠죠. 심미적 경험을 환기 시키고, 사회 현상들에 대한 정신적 산물을 다중적인 애매 모호성에 기반을 두고 있습니다. 자신만의 포지션을 갖는 것이 중요한 것 같아요.

■ 이 령: 네, 선생님들의 말씀을 듣고 보니 성실한 생활인으로서의 자세뿐만 아니라 곡진한 창작의 자세를 다시금 엿보게 됩니다. 뇌와 컴퓨터를 연결하는 Brain Computer interface 기술이나 Digital Data Transfer 과 같은 텔레파시 기술도 이미 개발된 만큼 어찌 보면 코로나로 인해 바야흐로 의식기술시대가 바짝 당겨

졌다고 보여 집니다. 따라서 현대사회 나아가 미래사회의 권력 이동은 국가 권력이나 종교 등의 제도가 아닌 명석하고 독립된 개개인으로 점차 확대되고 있다는 생각을 하게 됩니다. 이러한 시국에 현 문단의 변화상황과 미래 문학의 나아갈 방향성에 대한 의견들이 있으실 텐데요.

▫ **김광호**: 저는 작년에 등단한 신인으로 문학의 방향성에 대해 많이 고민하는 편입니다. 문학은 결국 도태될 것인가? 문학이 미디어를 제치고 대중의 관심을 받기 위해 무엇을 어떻게 해야 하는가? 이것은 문학 전체에 대한 고민이기도 하고 제 시에 대한 고민이기도 합니다. 결국 시인과 문학의 방향성은 같은 미래를 공유한다고 보는데요 이러한 맥락에서 문단에서는 낯선 시에 대해 열린 마음으로 받아들이는 것이 필요하다고 생각합니다. 새로운 형식을 추구한 미래파의 시가 이제는 하나의 주류가 되었듯이 오늘의 낯섬이 내일의 아름다움이 될 수 있다는 가능성을 전제로 다양한 시를 받아들이는 문단의 분위기가 기술 발전으로 인해 급속히 변화하는 사회 속에서 선엄적 역할을 하는 문학으로서 자리를 굳건히 하리라 봅니다.

▫ **최규리**: 인공지능과 4차 산업이 급변하고 있는 현실에서 로봇과의 공존, 반려동물, 반려식물에 대하는 태도에 대해 생각해 봅니다. 인간 중심이던 과거에 로봇은 하나의 금속에 불과했지만, 인공지능이 탑재된 지금의 로봇에게 인격을 부여해야 하는 문제는 중요한 지점인 것 같습니다. 로봇의 기능을 테스트하기 위해 발로 차는 행위에 대해 논란이 많습니다. 온라인의 영역은 작은 소시민들의 연대를 공유함으로 큰 힘을 발휘하고 있고요. 기득권은 SNS의 발화에 압도당합니다. 억압받아왔던 계층은 훼손된 인권을 복구하고 재생하고자 해요. 어떤 이유에서든 권력이라는 개념은 사라져야 할 것이고 이동되어서도 안 된다고 생각합니다.

▫ **김효은**: 문학이 제일 더딘 것 같아요. "고질적 변화 없음"이 보편성이자 문학의 매력 같기도 하고요. 얼마 전에 한용운, 이육사, 김소월, 윤동주, 백석, 박인환, 김수영 등 등 시집을 다시 읽었는데 여전히 심장이 두근거리고 가슴이 뭉클하더라구요. 언어의 질감, 정동의 강렬도를 따질 때 요즘 시인들의 시가 오히려 더 긴장감이 떨어지는 느낌이랄까요. 치열함이나 실험성도 떨어지고요. 제가 이렇게 고전 타령을 하면서 꼰대가 되어가는 것인지도 모르겠지만 예전 시들이 정말 좋아요. 저는 반대로 오늘 방금 쓰여진 시를 100년 전으로 가져가서 선배 시인들에게 읽힌다는 가정 하에 그들도 감동할 수 있어야 좋은 시라고 생각해요. 시대와 장소를 초월해서 좋은 작품이야말로 좋은 작품이라고 생각해요. 잠깐 유행하고 사라지는 풍속시이나 세태시도 의의가 있겠지만, 거품은 금세 가라앉죠. 그러나 진짜 보석 같은 작품들은 시간이 지날수록 그 진가가 올라간다고 봐요. 시대에 발맞춰갈 혹은 뒤따라갈 이 시대 문학의 방향성이나 급급함 자체를 모색하기보다는 실험과 도전, 개발, 자극, 동기, 무엇보다 변화와 모색, 쇄신, 신선함이 한국 문학에 필요하다고 생각합니다. 기성의 제도들, 권력, 문단의 폐쇄성, 부패 등에 대한 반성과 비판, 개선, 재배치 등도 당연히 필요하고요.

▫ **김왕노**: 지금 우리의 문화가 세계의 이목을 집중시키고 있습니다. 아주 좋은 시기라 할 수 있습니다. 문학을 알리는 방식도 진화되어야 한다고 봅니다. 그것은 문학을 어떻게 하느냐의 문제가 아니라 우리의 문학을 어떻게 선보이고 세계인의 공감을 얻고 우리 문학의 높은 수준을 알리려는 노력일 것입니다. 일본문학이 노벨문학상을 많이 탄 것도 문학자체의 수준도 수준이지만 먼저 번역이 중요한 역할을 했다는 것을 압니다. 이 시기를 놓치면 언제 다시 올지 모르므로 우리문학을 알리는 다각도의 변신과 변화가 있어야 한다고 봅니다. 저도 우리나라 디카시의 선구자로 디카시를 세계화를 위해 먼저 국내에서 확산과 세계화와 병행하며

다각도로 노력하고 있습니다. 많은 문제가 산재해 있으나 조금씩 변화가 오고 있음을 피부로 느끼고 있습니다.

□ **배세복**: 이제 세상은 다원화를 넘어서 다원화 이후를 논할 때라고 생각합니다. 따라서 '나는 누구인가'에 대한 존재의 문제와 '진리에 어떻게 다다를 것인가'에 대한 인식의 문제도 중요합니다만, '무엇인가 해야 한다'라는 실천의 문제가 가장 중요할 때라고 봅니다. 참으로 어려운 문제입니다만, 문학이 실천 윤리를 통해 거기에 한 걸음씩 다가가야 한다고 생각합니다.

□ **강 순**: 기술 과학의 발전으로 인해 오히려 특정한 권력의 집중화, 빈익빈 부익부 현상의 고착과 심화가 더 진행될 것이라 봅니다. 선진 과학 기술을 소유한 개인이나 집단, 국가 권력이 그 소유 권력을 자기 이익을 위해 행사하거나 남용·오용할 때, 문학의 임무는 언어로써 그런 현상에 개입하는 것입니다. 좀더 아름다운 세상을 꿈꾸는 것이 문학의 속성이며 임무라고 봅니다. 그러므로 문학은 한쪽 발은 자아 탐색과 언어의 조탁 위에, 또 다른 발은 현실 인식과 시대의식이라는 발판 위에 둔 채 그 균형을 잡기 위해 끊임없이 흔들리는 사람 같다는 생각이 드네요.

■ **이 령**: 이제 세상은 다원화를 넘어서 다원화 이후를 논할 때라는 말씀에 공감합니다. 실재로 최근 코로나19로 대면행사가 여의치 않아지면서 문학축제나 활동 또한 새로운 미래를 모색하고 있지요. 온라인 행사와 가상현실 전시, 줌을 활용한 화상 편집 회의 등 비대면 문학 활동들이 늘어나고 있습니다. 암울한 상황 가운데 대면 만남은 줄어들고 소통은 어려워졌지만 문학은 사회적 고립에서 벗어날 다양한 방법들이 있지 않을까 싶습니다.

□ **강 순**: 저도 여러 비대면 활동의 방식에 대한 고민하게 됩니

다. 동시에 문학이 고독한 작업이니만큼 각자 치열한 글쓰기에의 노력과 진지한 탐색을 게을리하면 안 된다고 생각합니다. 대면이든 비대면이든 좋은 작품들을 가지고 독자들을 만나는 게 의미 있는 일이니까요. 비대면 문학 활동의 방식은 다양하지만, 작품성이 좋지 않으면 종내 독자들에게 외면당할 수 있다는 냉정한 현실을 인정하게 됩니다.

▫ **김광호**: 코로나 시기에 인터넷 서점 주가가 가파르게 상승했다고 합니다. 이것은 비대면 상황이 확대되는 미래에도 문학은 결코 낙오되지 않을 수 있다는 기대감을 주기도 했습니다. 작금의 문학이 외면받는 이유가 문학에 대한 대중의 욕구가 부족한 것이 아니라 문학이 대중에게 다가가는 방식에 문제가 있는 건 아닐까. 기존의 방식을 답습하는 형태의 문학 축제나 활동을 벗어나 편리하고 친근하게 독자에게 다가갈 수 있는 다양한 접근 방식을 변화시키려는 노력이 경주되어야 한다고 생각합니다. 최근 발전하고 있는 디카시가 하나의 대안이 될 수 있지 않을까.

▫ **김왕노**: 옛날에는 수동적인 문학 형태였다고 하면 지금은 적극적이고 공격성까지 띈 문학이라 할 수 있습니다. 그럴수록 문학은 문학의 본질을 잃거나 우리의 순수성을 잃으면 모든 것을 잃는 꼴이 됩니다. 현실이 우리를 압박해 올수록 소설은 소설 시는 시 수필은 수필 동시는 동시의 바른 자세를 가져야 한다고 봅니다. 그것이 문학이 이 시대에 이 시대 사람으로부터 외면당하고 고립되는 위기를 극복하는 길이라 생각합니다.

▫ **최규리**: 대면 만남이 줄어들었으나 소통의 문제는 크게 나빠진 것 같지 않습니다. 처음 온라인에서의 업무가 매끄럽지 않았지만, 시간이 지날수록 온라인의 영역은 공간의 영역으로 확장해 더 많은 사람과의 소통과 피드백으로 좋은 성과였다고 생각하고요. 문학도 영상 매체 안에서 많은 사람과 공유하게 되었던 것

같습니다. 시와 다른 분야와의 협업 관계를 이루며 고립에서 벗어나야 한다고 생각합니다.

▢ **배세복**: 발터 벤야민은 기술복제 시대의 예술작품〉에서 예술의 대중화에 대해 긍정적인 견해를 피력했습니다. 따라서 '유튜브의 시대'라고 할 수 있는 지금이야말로 오히려 기회라고 할 수 있습니다. 다양한 매체를 활용하여 문학의 뜻을 나누는 사람들끼리 마음을 합한다면(예를 들면 온라인 동인 활동 등), 나아가 더 많은 대중과 문학을 공유할 수 있다고 생각합니다.

▢ **김효은**: 그래서 문학이 더 필요한 시대가 아닌가 생각이 됩니다. 고립되고 비대면이 늘어날수록, 다양한 문화 활동, 시스템이 많아져야 한다고 봐요. 사람들이 심리적인 위축되고, 경제 위기도 심화 되고 있잖아요. 예술가들도 강연이나 공연 등이 취소되고 축소돼서 복지 사각지대에 놓인 분들도 많고요. 비대면, 언택트, 메타버스 활용 등 다양한 플랫폼 개발이 문학 영역에서도 요구되고 있습니다. 아직은 시도와 시행착오가 같이 있는 과도기 같고요. 기존에 대면으로 이뤄지던 예술 활동들이 가진 가장 큰 한계성이 현장성과 일회성이었다면, 이제는 누구나 시공간을 초월해서 함께 즐기고 향유할 수 있다는 것, 또한 유튜브 방송을 통해 기록되고 실시간 중계되는 동시에 콘텐츠를 반복 재생할 수 있다는 것도 큰 장점인 것 같습니다.

■ **이 령**: 현실에 무너지는 것이 아니라 현실을 세워 미래를 예비하는 선생님들의 귀한 고견 감사합니다. 생각하면 생각 하는 대로 살아지고 생각하지 않으면 사는 대로 생각한다는 말이 있습니다. 위기가 기회로 전환되고 있다고 할까요? 어려운 시기일수록 끊임없이 나아갈 방향성을 타전하고 나의 울음뿐만 아니라 타인의 울음까지도 대신 울어주는 곡비로서의 역할이 문학인들에게

있다는 생각을 합니다. 앞으로의 다짐이라고 할까요. 계획들 있으시면 말씀들 나누시죠.

▢ **최규리**: 위기에 처한 사회에서 문학은 논의와 연대로 대응해 왔습니다. 앞으로는 위기의 지구에 대해, 환경에 대한 깊은 성찰과 극복 의지가 절실히 필요한 때라고 생각합니다.

▢ **김광호**: 제가 시를 쓰면서 달라진 점이 있다면 나의 이해를 넘어 타인의 이해에 대하여 조금이라도 관심을 가지게 되었다는 점입니다. 문학이라는 것은 타인의 읽기가 전제되는 행위이기 때문에 나의 글쓰기가 얼마나 타인의 읽기와 맞닿아 있나 에 대한 고민을 놓을 수 없습니다. 그렇기에 제가 지금 할 수 있는 일이란 그 짧은 만남을 위해 오래 준비하는 마음으로 시를 쓰는 일. 당신의 책갈피가 있는 페이지에 내가 시로서 먼저 도착하는 일.

▢ **김효은**: 곡비로서의 역할도 중요하지만, 우선 내 자의식, 내 울음, 나만의 목소리와 색채를 갖는 것, 나만의 울음법, 발성법에 대한 치열한 고민과 노력, 철학 정립과 공부가 필요한 것 같아요. 저 역시 시를 쓰면서 늘 실망하고 좌절하고 다시 또 도전하고 고민하는 지점들이고요. 시대를 예민하게 반영하되 시대를 초월해서 공감과 감동, 위로와 파문을 동시에 주는 시를 쓰고 싶어요. 계획이면서 포부이면서 제게는 소중한 꿈입니다. 극대화된 오늘치의 희망이기도 하고 동시에 내일을 위해 보류된 전망이기도 합니다. 모두에게 암울한 시기이지만, 건투와 안녕과 행복을 빕니다.

▢ **강 순**: 기본적으로 곡비로서의 시대정신과 더불어 자아 탐색의 과정이 꾸준히 병행되어야 한다고 생각합니다. 자아와 세계와의 갈등 구조를 이해하고 투쟁하는 섬세한 글쓰기 노력이 없다면 타인을 위해 울어주는 곡비의 울음은 진정성을 잃을 것입니다.

이런 의미에서 제 앞으로의 계획은 글쓰기의 본질에 가 닿는 것입니다. 즉, 열심히 읽고 쓰고 사유하는 과정을 즐기며 천착하는 일입니다. 그런 과정 속에서 우리가 처한 여러 현실들에 대해 외면하지 않고 목소리를 낼 때, 진실에 한 걸음 더 다가설 수 있다고 생각합니다.

▫ **배세복**: 시인의 계획은 무어라 떠들어도 우선은 시를 쓰는 것이지요. 그동안의 써왔던 이력들은 모두 지워버리고 다시 시작한다는 심정으로 시를 써나갈 것입니다. 〈시인광장〉이 그 힘이 될 수 있을 것 같습니다. 감사합니다.

▫ **김왕노**: 문학의 순기능이 있으나 역기능은 없다고 생각합니다. 문학은 사회의 고발성을 띔과 동시에 사회를 이끌어갈 푸른 메시지와 같은 역할을 해야 한다고 생각합니다. 한때 시의 르네상스 시대인 80년대 시는 하나의 구호였습니다. 꿈이었습니다. 시대와 문학이 맞물려 돌아가는 시기였습니다. 그러나, 지금 사람들이 시나 문학을 받아들이는 의식자체도 문제지만 방법도 많이 변해있고 지금이 문학의 점이지대 과도기라고 할 수 있습니다. 그러나 평소대로 시인이 시다운 시를 쓰고 문학인이 문학인으로 좋은 작품을 쓴다면 그래도 읽어주고 외면 받지 않으리라 생각합니다. 문학인의 태도가 문학 판을 만들어 간다고 봅니다. 하여 이런 시기일수록 절망하지 말고 시에 전념한다면 이 시절이 지나가더라도 문학을 향유하는 사람이 기하급수적으로 늘어나리라 생각해 봅니다.

때문에 지난 2006년 봄에 창간호를 시작으로 올해 2021년 11월호 현재 통호 151호를 맞이하기까지 시문단의 발전과 시문학의 정진을 위해 끊임없이 힘써온 87명의 전현직 편집위원들의 헌신적인 노고에 힘입어서 21세기 인터넷 강국인 한국에서 웹(Web)의 시문학을 대표하고 주도하는 웹진『시인광장』의 존재와 역할이 코로나 펜데믹의 영향으로 이 엄중하고 힘든 비대면 시대에는 더욱 크고, 그마만큼 중요한 의미를 가지고 있는 것입니다. 그러하지 않습니까?

■ **이 령**: 네, 맞습니다. 주간님의 그 의견에 전적으로 동의하고 다른 편집위원들도 동감이라 믿습니다.

그럼, 대다수의 문인들이 공감할 수 있는 주간님의 매우 소중하고 의미 있는 이야기를 끝으로 시대를 예민하게 반영하되 시대를 초월해서 공감과 감동, 위로와 파문을 동시에 주는 시를 쓰고자 노력하겠다(김효은), 그동안에 써왔던 이력들은 모두 지워버리고 다시 시작한다는 심정으로 시를 써나갈 것(배세복), 오래 준비하는 마음으로 시를 쓰는 일. 당신의 책갈피가 있는 페이지에 내가 시로서 먼저 도착하는 일(김광호), 앞으로는 위기의 지구에 대해, 환경에 대한 깊은 성찰과 극복 의지가 절실히 필요한 때(최규리), 곡비로서의 시대정신과 더불어 자아 탐색의 과정이 꾸준히 병행되어야 한다(강 순), 문학은 사회의 고발성을 띔과 동시에 사회를 이끌어갈 푸른 메시지와 같은 역할을 해야 한다(김왕노)-선생님들의 고견을 요약하며 제15기 웹진 시인광장 편집위원회의 특별 대담을 마무리하도록 하겠습니다.

긴 시간 동안 정말 수고하셨습니다.

강기원강 순강신애
강영은강재남강 주
강해림구광렬구석본
구효경 강기원강 순
강신애강영은강재남
강 주강해림구광렬
구석본구효경 강기
원강 순강신애강영
은강재남강 주강해
림구광렬구석본구효

경 강기원강 순강신
애강영은강재남강
주 강해림구
광렬구석본구
효경 강기원
강 순강신애
강영은강재남
강 주강해림
구광렬구석본구효경
강기원강 순강신애

01
⋮
↓
10

모린호르 Morin Khur

강기원(康起原)

죽은 말은 갈기로 운다

죽은 말이 달려온다
쉼 없이 달려가는 사얀산맥처럼
달려온다
지축이 울린다
죽음 속 싱싱한 울음처럼 울린다

생전에 서서 잤던 말은
잠 속에서도 달렸고
죽음 속에서도 달린다

모린호르
모린호르

죽은 말은 갈기로 운다

달리고 달려와
밤의 허파 같은 달을 넘어
잠들지 못하는
죽지 못하는
내 귓속에 긴 숨을 불어넣는다
단내 나는 숨을 부려 놓는다

떼로 있어도
늘 홀로였던 말

죽은 말이 한 사람을 껴안고
오래 오래 달리고 있다
오래 오래 울고 있다

계간 『시와 세계』 2020년 겨울호

강기원
이화여자대학교 정치외교학과 졸업. 1997년 〈요셉보이스의 모자〉 외 4편으로 《작가세계》 신인문학상 당선. 시집 『고양이 힘줄로 만든 하프』 등과 동시집 『토마토개구리』 등을 출간. 2006년 제25회 김수영문학상 수상.

미문을 생각하다가

강 순

몇 겹의 거짓말을 새에게 던져준다

시고 떨떠름한 맛이 나는 과일 앞에서
달콤함을 외치는 장사꾼처럼

나의 몸은 거짓말의 흔적으로 가득해

예1, 햇살이 뜨거운 여름의 외출에 대하여
여름을 한 입 베어 물고 음미한다

예2, 무더운 날씨 속 불편한 마스크 착용에 대하여
여름은 열정을 보여주느라 숨 가쁘다, 하는 식이다

나의 혀는 온갖 감미료로 만든
즉석 식품 같은 계절을 건너는 중

예3, 이해되지 않는 문장에 밑줄을 치며
이 문장의 매력은 애매성이다, 하는 식이다

나의 심장은 방부제도 없이 거짓말로 빛나다가
그만큼의 고독의 방 앞에 놓이지

모든 것이 막힌 새장이다, 라고 말하면
영원히 날개가 돋아나지 않을 것 같아

거짓말해도 덜 부끄러운 퍼소나를 세우고
그에게 문장을 던져주는 건
너, 내 안의 작은 올빼미구나

부리를 들고 가장 윤기 나는
거짓말 살점부터 찾아
진실을 파먹은 거짓말의 깊이를
변명으로 쪼는 새가

언어의 집을 세웠다가 허물었다가

웹진 『공정한 시인의 사회』 2020년 11월호

강 순
1998년 《현대문학》에 〈사춘기〉 외 4편으로 등단. 시집으로 『이십대에는 각시붕어가 산다』 등이 있음. 2019년 경기문화재단 창작지원금 수혜. 2021 전국계간 문예지 우수작품상 수상.

천장 天葬

강신애

나는 야크 똥을 주우러 다니던 아이
설수로 목을 축이던 처녀
놋주발을 돌리던 라마승이네

죽은 것 다시 죽여 살아나는 활개
냄새가 다른 피, 코와 팔다리들 삭혀 부유하는
천년의 짐승이네

나는 높은 곳 연모하던 살점들이
빛으로 짓고 빛으로 글자를 써 빛의 헝겊을 날리는
하늘사원의 전서구

모든 길은 허공으로 통해
부풀어오른 설풍마저 질긴 구애를 하네

신조(神鳥)도 설산에 푸른 그림자를 매달고
까마득한 공복에서 출발하네

긴 겨울과 희미한 볕뉘의 제물
누군가의 전 생애가 불이 되고 물이 되어가는 곳에
발톱과 초점이 나의 전부일 뿐

땀에 젖은 모자가 세 번 원을 그릴 때
튕기듯, 붉은 언덕으로

계간 『문학의 오늘』 2020년 여름호

강신애
1961년 경기도 강화에서 출생. 1996년 《문학사상》 신인상에 시 〈오래된 서랍〉 등이 당선되어 등단. 시집으로 『서랍이 있는 두 겹의 방 』(창작과비평사, 2002) 등이 있음.

타탄체크를 짜는 방식

강영은

당신은 나와 다정하게 지내기를 원하지만
다정하지 못하고
나는 당신에게 아무 말도 안하지만
아무 말이나 할 수 있을 만큼
당신을 사랑한다

굵기가 다른 두 마음은 자주 엇갈려
당신과 나 사이, 교차로가 생긴다
그럴 때 당신은 고양이가 죽어나간 골목처럼
사각지대를 번식시킨다

나의 골목은 길고
당신의 점프는 바닥을 향해 망설임 없이 뛰어내린다
당신의 감정이 담장 위에 앉은 고양이 같아
속도와 나 사이, 바닥이 생긴다

타탄체크무늬 같은 바둑판 위에서 바닥을 점검한다
흰 돌을 쥔 당신 앞에서
다섯 점을 미리 깐 나의 검은 돌은 허둥댄다
바닥과 나 사이, 벽이 세워진다

타탄체크 무늬를 뒤집어쓴 당신이 벽을 지난다
통곡하는 벽을 지나가기도 전에 당신의 목덜미가 붉게 물든다
그럴 때 당신을 무어라 부를까,

눈자위가 검고 큰 아랍 남자 같다고 할까
함부로 말할 수 없는
당신과 나 사이, 겹겹 생각이 쌓인다

나는 생각한다
타탄체크무늬는 총알과 상관없다
타탄체크무늬는 종교와 무관하다

지나간 당신은 의미를 고집하고 다가올 당신은 의미를 버린다
당신과 나 사이, 교차로가 완성된다

우리는 아무 말이나 하면서 다정해지고
아무 말 없이 멀어져 간다
당신은 세로고 나는 가로다

웹진 『공정한 시인의 사회』 2021년 3월호

강영은
1956년 제주에서 출생. 2000년 《미네르바》를 통해 등단. 시집으로 『녹색비단 구렁이』 등이 있음. 한국문협 작가상 등을 수상. 문화예술위원회 창작기금 수혜, 세종 우수도서 선정.

이런 밑그림이 있었습니다

강재남

　석양을 톱질합니다 언젠가 우리 목수가 되기로 합시다 순전히 그 때문이었죠 빛이 산란하는 걸 보고 싶다거나 여름 쪽으로 몸을 기울여 잠깐 여름이 좋아지려는 그런 이유 말고요

　우리를 들키는 기분이 썩 유쾌했어요 생이 맨발로 걸어가는 걸 보았지요 흔들거리다가 비틀대다가

　만져지지 않은 시간을 흘렸지요 그러면서 철이 들 우리를 생각했죠

　석양이 절정으로 치닫는 걸 알아야 했을까요 그랬다면 노래를 부르지 않았을까요 저녁은 다른 얼굴로 저쪽을 보았죠

　음영이 짙은 쪽을 택하기로 합니다 매번 돌아오는 날을 인용문 없이 넘깁니다

　그래서 잘 도착했나요

　뜬금없는 말을 하면서 말을 잃은 사람이 돼보기로 합니다 사과꽃이 피어서 마음이 험해지는 사람이 돼보기로 합니다 흰꽃을 보면서 험하게 우는 사람이 돼보기로 합니다

　모든 험해지는 것들에 이름을 붙이니 착한 세상 하나 생깁니다 세상을 건너 여름을 건너 만져지지 않은 시간을 건넙니다

우리가 보기로 한 세상이 물색없이 흩어집니다 사라지는 줄 모르고 사라지는 생에 의미를 두지 않아도 되겠습니다

그리하여 그늘나비가 그늘을 다 벗으면 홀가분해집시다 그런 날이 있었던 것 같아요 우리.

계간 『파란』 2021년 봄호

강재남

경남 통영에서 출생. 2010년 《시문학》을 통해 등단. 시집으로 『이상하고 아름다운』(서정시학, 2017)이 있음. 2017년 한국문화예술유망작가창작지원금 수혜. 2021년 제6회 동주문학상 등을 수상.

밤의 전개도

강 주

이야기의 시작은 주인공과 석양을 나눠 갖죠. 내 것도 네 것도 아니기에 가능한 저녁은 절정을 지나

우리를 펼칩니다

주인공들은 초인종을 누르며 자신의 등장을 알리죠. 반전은 결말에 있고 밤을 연결하기 위해 여러 개의 조언이 필요합니다. 멀리서 어둠을 횡단하는 긴 행렬.

얼굴을 떨어뜨리는 사람들은 고단한 여정에 불과하죠. 대부분의 삶은 악화될 뿐이어서 지킬과 하이드는 쉽게 이해가 됩니다만

질문 속에 피가 묻어 있고 피는 멈추는 방법을 모릅니다. 간격과 배치에 따라 좀 더 완벽해지려고 사람과 사람 사이는 구겨지죠

시간은 깊은 웅덩이에 빠뜨린 동전이고
아껴 써도 모이지 않습니다

봉투를 열고 새를 꺼냅니다. 새를 뒤집으면 모래시계처럼 쏟아집니다. 등장인물은 많고 새는 단 한 마리에 불과해서 결국 새는 위험하죠

새를 접어서 밤은 오고 이젠 밤을 날려 보내야 할 때,

별을 접습니다

※ 월간 『현대시학』 2019년 1~2월호

강 주
강원도 동해에서 출생. 2016년 계간 《시산맥》 신인상으로 등단. 동주문학상 수상시집 『흰 개 옮겨 적기』(도서출판 달을쏘다)가 있음. 2019년 대산창작기금 수혜. 제5회 동주문학상 수상.

미혹迷惑
─유혈목이

강해림

　꼬리를 잘리고도 달아나는 붉은 문장이었거나, 미혹迷惑의 슬픈 올가미였거나, 천형을 화관처럼 머리에 쓴

　나는 아홉 번 죽었다가 열 번 다시 태어났다

　나의 내면은 늘 에로틱한 상상으로 뜨겁지 어떤 날은 물과 불로, 또 어떤 날은 빛과 어둠으로

　서로 체위를 바꿔가며 들끓는, 이상한 가역반응에 사로잡힌 발칙한 언어로 스스로 미끼가 되었지

　저울 위의 고깃덩이처럼 어디가 입이고 항문인지, 금기와 배반의 이미지만 괄약근처럼 오므렸다 펼쳤다 하는

　나는 한 마리 유혈목이, 금단의 땅에서 쫓겨난 이후로 아직 도착하지 않은 미지의 첫 문장이다

　고통과 황홀은 한 종족이었던 것 불의 혓바닥에 감겨, 불의 고문을 견딘 것들 얼굴이 반짝반짝 광이 나는 걸 보면

　너의 하얀 목덜미에 아름다운 낙인을 찍어주고 싶어 숨통이 끊어지는 순간 퍼져가는, 맹독의

치명적인

계간 『시산맥』 2019년 겨울호

강해림
1954년 대구에서 출생. 1991년 《현대시》와 《민족과문학》을 통해 등단. 시집으로
『구름사원』(한국문연, 2001) 등이 있음.

008

가라이 네이어라
— 이령시인에게

구광렬

1
　태풍에 배 가라앉고 눈 떠보니 자욱한 해무가 구름처럼 보이고 내 몸, 하늘을 나는 듯하다. 사람들, 아니, 죽은 자들이 보인다. 줄 지어 서있는 걸 보니 지옥문에 달했구나.
　아니다. 기다리고 있다는 듯 반기질 않느냐. 보름달 얼굴에 초승달 눈매, 웃는 입모양마저 반달이다. 말로만 듣던 바실라 사람들, 마침내 나에게 손을 내미는구나.

2
　골목마다 들려오는 소리, 사르르 똑똑. 수 만 마리 벌레가 뽕잎 뜯는 소리.
　아리따워라, 아리따워라. 그들만의 언어로 주술 하는 게야. 사…르…르, 수컷이 암컷에게 거는 주문呪文, 해쉬쉬 빠는 소리보다 더 은밀하다. 내 입 속 혀뿌린 정사를 위한 기물이요, 풀어지는 낱말들은 하나하나 창, 칼이건만, 저 벌레들 입 속에서 풀어지는 낱말들, 하나하나 화평이요, 사랑이구나.
　말처럼 새로운 비단(新羅)이다. 어떤 여인의 살결이 저리도 부드러울까. 장안의 것보다 몇 배 더 좋다. 새끼염소 반 마리 값 유리구슬로, 그 몇 필과 바꿀 수 있다니…….

3
　비싼 꽃이 있으니, 한 포기 값, 중농 서너 집 세금이란다.
　온 고을이 꽃에 취해있다. 장려하면서도 소담스러워, 기품까지 있다.
　여인네들, 꽃 한 송이를 사기 위해 수백, 수천 전을 낸다. 다투어 머리에 꽂곤 꽃쌈(鬪花)을 하건만, 내 눈에 들어오는 건 꽃이 아니라, 꽃이 매달려있는 여인네들 가슴과 비단이다.

　혀로부터의 자유, 혀로부터 나오는구나. 왁자지껄, 저자 또한 시끄럽지만 못 알아들으니 오히려 해방이다.
　술 인심도 좋다. 머뭇거리지 말아야하며 앞사람, 마시지 않으면 뒷사람, 마실 수 없다.

　바닥 뾰족한 인형(酒胡子)
　내 앞에서 쓰러지네
　바닥까지 들이키고
　잔을 정수리에 털지 않으면
　인형, 일어나지 않네

　인형, 일어나지 않으면
　사람들, 일어나지 않네
　마시고 마셨건만
　인형, 내 앞에서만
　쓰러지네

4
　여기서도 차별은 선천이다. 사는 집, 입는 옷이 출신에 따라 다르다. 큰 집, 좋은 옷의 사람들, 일 않고도 번질거리고 작은 집, 나쁜 옷의 사람들, 죽어라 일해도 밥 한 술 뜨기가 힘들다. 좋은 옷에 꾸미기 좋아하는 여자애들, 온통 염정에만 끌리고 나쁜 옷에 작은 집 애들, 온 종일 베틀 아래 박혀있다.

　이제 그 차별, 나에게도 생긴다. 얄궂어라, 얄궂어. 물 한 모금에 하늘 쳐다보는 병아리들처럼 온 고을, 내 얼굴 쳐다보고 하늘 쳐다본다. 얼굴 둘 곳 만장이라 여겼건만, 뾰족한 코끝마저 숨길 데가 없다.

낮보다는 밤이 좋다. 얼굴 둘 곳, 지천이라 더 좋다. 죽어라 일 해도 빵 조각 하나 씹기 힘들었건만, 은수저에, 비단 옷에, 여자 까지 생겼다. 그래 내 여자, 삼나무 몸매, 비단 살결의 나만의 여 자.

흐르는 물 위에 잔을 띄운다
병신처럼 팔 구부리고 마시고
단 번에 석 잔을 마시고
미친놈처럼 웃고, 몽유병자처럼
춤춘다

밤새 노닐다 돌아와 보니
다리 넷, 달빛아래 출렁인다
아, 빼앗겼구나
돌멩이로 쳐 죽여라!, 용서해라!
몸속, 몸 밖 신들의 아우성.

내 가슴에 있다 한 들,
그대 가슴에
나, 있지 않으면

저 가랑이, 내 것 아닌 것을

아! 새라면
이 날개, 더 이상 자유가 아니네
사랑 그리워
거기 날고픈 구속이네

아니네,
어둠이 부리까지 차오르고
밤은 익을 대로 익어
후두둑, 석비레에 떨어질 때
왜 날아야 하나,
이유 없을 자유이네

땅을 보고자 하나
하늘로 가네
왼쪽, 오른쪽 눈망울에
한 번은 자유,
한 번은 구속이네

오늘,
새는 사팔눈 휘날리며
실연한 깃털을 여미질 못하네

5
 재스민, 작약, 모란도 아닌, 들꽃 한 송이 같은 이가 논두렁, 밭두렁도 아닌 궁궐에 나타나서 하는 말.
 "여우는 미녀로 둔갑하고 살쾡이는 선비로 가장하네. 뉘 알리, 짐승들이 사람의 몸으로 변신해 홀리는 줄을. 변신은 쉬운 일이요, 양심 지키는 건 어려운 일이네. 참, 거짓을 알고 싶으면 마음의 거울을 닦아보세."1)
 낯설고도 낯설어 '얼굴(容) 둘 곳(處)' 없다하니, 탈 하나를 건넨다. 날 위한 것이냐 물으니, "자넨 이미 탈을 쓰고 있잖아. 고을 사람들을 위한 것이네."

 불꽃(火神)이야기에 그가 나에게 묻는다. 불도 물을 마시는가.

불은 뿌리가 없다고 하니, 뿌리 없는 꽃이 어디 있냐고 한다. 물, 불은 가려지며 하나 아닌 둘이라고 하니, 불 있는 곳에 물 없으며, 물 있는 곳에 불 없으니, 물불만큼 하나인 것도 없다 한다. 이 모두, 하나를 여럿으로 보는 우매한 눈 때문이며 예수, 마호메트, 자라투스트라도 셋 아닌 하나이며 공자, 석가, 신선도 셋 아닌 하나라 한다.

그 떠나던 날, 구름 반 장, 겨울비 되어 내리고 남은 반 장, 떠돌다가 해인海印으로 향한다.

도롱이 없인 맞지 못할
슬픔일레라
비가 아님을
고하는 것이니……
보아라,
어떤 계절의 빗방울이
저리도 아리더냐
다신, 돌려보내지 말자
본디
하늘의 것이 아니라
하나, 둘
뜨겁게 오르다
무게를 견디지 못해 떨어지는
땅의 눈물일지니……

떠나올 때도 비 내렸다. 빗물 반, 눈물 반이었던 얼굴, 그 얼굴 숨길 곳 없어 다시 떠난다.
그대, 유두 애무하는 법, 앵두 알로 가르쳤지. 이빨로 깨물지 말고 혀끝으로 굴리라했지.
사랑의 기술, 다시 배워야겠네. 앵두 알들을 자근자근 씹어야

겠네. 그렇게 파미르를 넘어야겠네.

  난, 색종이의 색을 보지 않고
  바랜 종이를 보련다
  난, 종이를 보지 않고
  종이일 수밖에 없었던
  나무들을 보련다
  난, 나무들을 보지 않고
  나무이기를 바라던 바람,
  구름들의 눈빛을 보련다

6
배에다 몸을 싣는다. 이별의 아픔만큼 사랑이 깊었구나. 망각을 위해선 세월 따라 흘러야지. 저 바다 또한 그렇지 않느냐.

  기억을 지우면 인연이 없어지는지
  바다는 기억을 지우려 한다
  무엇을 못 잊어 갯바위에 머리를 치며
  아니, 아니라고 도리질하는가
  뉘 헤아릴까, 저 아픔.
  바람 없인 항해할 수 없으니
  바다의 수심愁心은 바람이 되고
  바람은 파도가 되어
  화석 된 기억들을 지우려듦을

어떤 가객이 숨겨진 침묵을 노래할 수 있겠나. 어떤 여인이 뱃속과 상반된 운명을 출산할 수 있겠나.
  파도 속에서도 그녀의 불안정한 맥박을 가늠할 수가 있다. 가랑이 속 얼굴엔 그 어떤 시장에서도 구할 수 없을 천박한 웃음이 흘렀을지도 몰라.

난, 잊는 기술을 배우고자 하네. 미워하는 기술. 기술을 넘어 예술, 예술을 넘어 신앙.

내 증조할아버지의 신은 불, 내 할아버지의 신은 야훼, 내 아버지의 신은 알라. 그럼 나의 신은?

한 발짝, 뗄 때마다 다른 신의 이름을 부르게 되고, 열 신을 부르짖곤 무신론자가 돼버리고

어쨌든 혼자 있을 때 덜 외롭다. 얼굴 둘 곳이 만장인 까닭이다.

7
종교란 삶에 애정 있는 자에게 깃드는 허영虛影 아닌가. 심판도 그렇고. 삶에 대한 의욕도 없는데 뭔 영생…….

아니다. 찾는 게 있다면 잃을 게 있다. 난, 지금 물을 찾는다. 새까맣게 타버린 하늘 아래, 그 뉘도 마지막 미소를 흰 천에 담을 수가 없다. 죽은 말의 축축한 간이라도 꺼내 먹어야지…… 아니, 물보다 더 간절한 게 있다.

가만, 손을 넣는다
수컷의 젖은, 있기에 더 서럽다
멀고먼 자웅동체시절

몸도 마음도 하나였을 태고고적 시절
내 마음 그대 알고
그대 마음 나 알았던 시절엔
외로움, 괴로움도
반반씩 느꼈을 건만
오늘,
온전한 외로움, 괴로움,

시리게 골수를 저민다
어느 낯선 별 중력아래
해골의 길 위에 누워
수만 마리의 낙타 발자국에
이제 이별을 고하련다

아, 모래바람, 달빛바람 안녕!

8
밥그릇을 닦는다.
이 사막에 밥이 어디 있겠나. 밥을 먹기 위해서가 아니라, 몰골을 보기 위해서다.

니목숨이예수목숨이라도된다말가골고다의언덕이라도마련해주련지금벗어던질수있는건고린내나는발싸게뿐이지않은가무너진다리만큼머리굵어진원숭이의지혜와슬픔을혼자서아는척하는놈아뒈지거라! 하다가

놈, 나보다 늙어 보인다
놈, 나보다 비겁해 보인다
놈, 나보다 약해 보인다
이래저래, 동정심을 자아내는 놈,
빈 그릇 속에서 웃고 있다.

9
난, 어떤 것들의 주인임을 소리칠 수 있나? 모래바람에 문드러져나가는 살점의? 뽑혀져나가는 머리카락의? 흘러내리다, 말라버린 피딱지의? 뭣이 떨어져나가야 내가 되는가.
필요는 사랑보다 굳셈에 틀림없다. 사랑해서 떠난다고는 하지

만 필요해서 떠난다곤 하지 않는다. 그대, 날 사랑하지 않았다. 날 필요로 했다.

골육은 독수리와 사막날쥐의 밥이 되고

영혼은 저승의 문을 두드린 뒤
미드라의 저울 위로 떨어지겠지
넓고 편안한 다리를 건너 천국으로 향할 것인가
칼날 같은 다리를 건너 지옥으로 떨어질 것인가
사랑은 선善이건만
주인 있는 여편네를 사랑함은 악惡 아닌가?
막,
저울이 악 쪽으로 기우는 듯하네

그래, 그렇다면 그녀가 필요로 했던 난 누구며, 뭣인가?

10
해가 머리 위로 솟는다. 밥그릇을 돌려가며 마지막 수염을 깎는다. 더부룩하니 산양의 머리통 같구나.

발가벗고 맞아야지, 머리서 발끝까지
수직으로 꽂히는 네 하얀 몸을
까맣도록 받아야지
너 없는 밤, 종보다 무거운 머리통을
온기 남아 있는 모래에 박고
하, 마른 울음을 가없이 울었더냐

눈물,
이별보다 더 아픈 사랑을 감내 못할 때 늑골 깊숙이 파고든 빗방울들, 지하실 포도주인 양 저장되었네

눈물,
살아있음을 고해하는 심장의 전령사.
길지도 않은 두레박줄로 우물물 긷듯 퍼 올림도 억수 비 내리던 시절 우산 없이 거닐었음이랴

눈물,
한계를 느끼는 신들의 성수. 사막에서의 유일한 물. 뉘 울었노라 믿겠나. 쉬 마르니 또 고마워라

눈물,
바닥 드러낼 때 졸음에 겨워하는 사막고양이인 양, 이제 바람 멎을 저 풍경을 과거라 부르리라

계간 『시와 사람』 2021년 여름호

구광렬

월간 《현대문학》에 〈들꽃〉을 발표하며 작품활동 시작. 시집으로 『하늘보다 높은 땅: La tierra más alta que el cielo』(멕시코 출판사 Eón 刊) 등과 문학관련 저서 30여권 있음. 오월문학상, 브라질 ALPAS ⅩⅩⅠ 라틴시인상 등을 수상.

지나가는 풍경

구석본

그가 지나갔다.
간이주점에 앉아 술잔을 기울이다가
문득 건너다 본 중앙로에 그가 걸어가고 있었다.
거리에는 가을비가 흑백영화의 배경처럼 내리고
그를 불러보지만 묵묵히 지나가고 있다
이어서 그녀가 지나가고 있다
처음에는 홀로였던 그,
들여다보면 무리를 지어 지나간다
그는 그의 무리, 그녀는 그녀의 무리로 지나간다.
무리가 된 그들의 뒤에 그들이 그 다음에도
그들이 지나가지만
거리에는 적막으로 왁자할 뿐
어둠만 남아 형형색색으로 왁자지껄할 뿐
가을밤의 어둠이 지나가는 그들을 지워가고 있다.
문득 그들의 뒤를 따르는 한 사람이 있다
유난히 왼쪽 어깨가 높고 오른 팔이 긴 한 사람,
나
지금까지 그들의 뒤를 쫓아가며 조금씩 지워져가는
나를 보고 있었다.

계간『미네르바』2021년 가을호

구석본
경북 칠곡에서 출생. 1975년 《시문학》을 통해 등단. 시집으로 『지상의 그리운 섬』 등이 있음. 1985년 대한민국문학상 수상.

데칼코마니

구효경

나무에 앉은 새는 열매가 되고
빨랫줄에 앉은 나비는 덜 말린 팬티가 되고
풀잎 위에 앉은 새는 꽃이 되는 저녁
식물도감 위에 놓인 화단의 심경을 참새가 노래하고
조류도감 위에 앉은 새장의 기분을
연주하는 피아노 건반 위에 앉은 멜로디 인형이
강아지 인형을 바라보는 강아지에게 속삭일 때
연필을 천 개나 품은 나무가
노트를 넘기는 손에게 언질할 때
새벽을 갉아먹고 서재 틈바구니로 숨는
자 벌레의 잠을 깨우는 알전구의 빛을
품어 안는 태양을
바라보는 해바라기를
그리는 빈센트 반 고흐의 술잔을
깨트리는 여자의 머리카락을

먹고 자란 벌레가 이국의 땅에서 만난
하얀 사자를 닮은 지렁이의 또 다른 몸을
물고 날아가는 까마귀가
덜 말린 팬티에 깃 하나 떨어트릴 때
버찌열매가 잎사귀를 떨어트린
그 자리, 죽은 나방의 거친 날개를 질투하는 나비가
하얀 물감을 뿌리는 어린아이의 방으로 들어온 저녁
노을 닮은 코피처럼 비린내 나는 생선을 찾는

고양이가 어느 골목에 버리고 온 울음소리처럼
앙칼지게 부는 바람이 내 몸을 스칠 때면
허공과 바람에도 혈액형이 있다는 걸 눈치 챘다.
내 오른쪽 바람이 RH +플러스
내 왼쪽 바람이 RH −마이너스
헌혈할 상대를 찾아 떠돈다는 것을 느낀다.
내겐 바람의 수혈이 필요하다.
그리하여 내 왼뺨이 내 오른뺨에게 말걸 때
'나'라는 타인과 '나'라는 타인을 나누어 비로소
'너'라는 나를 그렸다.

웹진 『시인광장』 2020년 10월호

구효경
1987년 전남 화순에서 출생. 2014년 제3회 웹진 《시인광장》 新人賞 公募에
〈쇼팽의 푸른 노트와 벙어리 가수의 서가〉 외 4편이 당선되어 등단.

권구미권정일김경미
김경인김관용김광호
김명리김명원김명철
김미정권규미권정일
김경미김경인김관용
김광호김명리김명원
김명철김미정권구미
권정일김경미김경인
김관용김광호김명리
김명원김명철김미정

권규미권정일김경미
김경인김관용김광호
김명리김명원
김명철김미정
권규미권정일
김경미김경인
김관용김광호
김명리김명원
김명철김미정권규미
권정일김경미김경인

11
⋮
20

곡우 무렵

권규미

　전생의 시간들 아마도 분홍이었다

　묵묵히 나를 업고 어르고 또 달래며 지난 생의 엄마처럼 아가야 아가야 황황한 햇빛 속을 서성이던 낙타, 그

　부르튼 발 아래 가만히 떨구던 한 방울의 눈물도 분홍, 분홍이었다

　심장에서 심장으로 쓸쓸히 자전하는 별의 은하와 아득히 먼 추운나라의 음악처럼 말랑말랑한 네 맨발도 그랬다

　처음 여덟 개의 음에서 시작되었다는 이 세계와 곡진한 연두의 세포들은 분화하고 연대하여 다시 꽃으로 오는 것인지

　아득히 낡은 우주의 핏줄이 매미 울듯 팽팽해지는 신화속의 시간이다 강가를 헤매는 오르페우스처럼 더듬더듬 그림자 따라 도는 저녁들

　어둠 속의 마을도 잠시 분홍이 되는 적막과 적막 사이의 어슬무렵, 벚나무 저 환한 광대들의 춤

　계간 『사이펀』 2021년 가을호

권규미
경북 경주에서 출생. 2013년 월간 《유심》에 〈희고 맑은 물소리의 뼈〉 외 4편으로 등단. 2012년 경주문학상 수상.

도형속의 도형

권정일

당신은 창문에 성에가 자라는 모습을 보고 있습니다.

어제는 말을 아끼고 살생을 하고 겨누고 맞서고 피고 목욕탕을 나와
오늘은 아름답고 겨우 늙기에 충분하고 다르고 같고 일어나는 일은 일어나고

…… 어제는 하루도 빠짐없이 오고
…… 어제는 오늘도

오늘이 방금 어제인 i는
어두울수록 빛나는 어둠의 근육 속으로 미끄러집니다. 어둠이 몰려옵니다.

i는 당신의 구조와 성질을 닮았지만 당신은 i가 두근두근 불안입니다.
i는 당신의 몸속을 떠돌고 있는 혈입니다.

오늘의 날씨는 마이너스, 성에가 자라기 좋은 기후군
당신은 약간 격양됩니다.

성에는 꽃으로 발달하고
당신이 고조되면 인도고무나무에 쌓일 먼지와 갓 구워낼 빵과 소파 밑 고양이 하악질을 빚어냅니다.

사각형의 직각을 떼어내 삼각형을 빚었고
어제 빚다만 뿔을 빚으며 조용하게

당신의 침묵은
슬픈 눈을 하고 있는 중입니다.

당신은 메시아를 찾아 미모사처럼 몸을 접지요 오므라들며 사각형 속으로 들어갑니다. 거기엔

당신이 있고 i가 있고, 당신이 있고 다시 i가 있고, 미분되고 수정할 수 없고, 서로 감염되고 있습니다.

월간 『모던포엠』 2021년 2월호

권정일
1999년 《국제신문》 신춘문예 당선되어 등단. 시집으로 『마지막 주유소』 등과 산문집 『치유의 음악』이 있음. 2009년 부산 작가상 등을 수상. .

기다림은 추한 것

김경미(金京眉)

구름들 모였다 금방 흩어지고 다음엔
조용히 비켜간다

부정적인 생각을 많이 하면
모든 게 산뜻하고 선명해진다

오래전, 당연한 모임을
들떠서 기다리던 친구에게
말해버렸다
너 빼고 이미 다 모였었어 너 기다리는 거 안타까워서
말해주는 거야

안타까워서가 아니라 추해서였다

벌받는 것만큼 산뜻한 것도 없다

친구는 저 몰래 모인 친구들이 아니라
말해준 나를 용서하지 않았다

똑같이 당했을 때 나는
몰래 모인 친구들을 다 버렸다
산뜻하게

추하긴 마찬가지지만

고독만큼 깨끗한 인류도 없다

추하지 않기론 구름만한 게 없다

계간 『포지션』 2020년 봄호

김경미(金京眉)

1959년 서울에서 출생. 1983년 《중앙일보》 신춘문예에 〈비망록〉이 당선되어 등단. 저서로는 시집으로 『쓰다만 편지인들 다시 못쓰랴』 등과 사진 에세이집 『바다 내게로 오다』가 있음.

반반

김경인

양념 반 프라이드 반은
가장 아름다운 조합
모가지와 다리가 평등하게 잘려 버무려지고
바싹하게 튀겨져 목구멍 너머로 꿈결처럼 사라지는 날개들
반반은 내가 아는 최초의 얼굴
자정에 얼굴을 가리면 반은 여자고 반은 남자라는
반반은 내가 아는 가장 유쾌한 비밀
오른뺨은 어둠으로
왼뺨은 희미한 빛으로 서로를 향해 아코디언처럼
부풀다 터지는 울음 주머니
반반은 그러니까, 제법 슬픈 주름
내려가도 끝이 없는 계단
오른쪽과 왼쪽 사이좋게 닳아가는 무릎들
1월과 7월의 달력에서
따로 따로 죽은 채로 발견되는 너무 작은 신들의 이름
정성껏 고를수록 실패하는 선물들
그러니까 반반은
내가 출근 할 때 두고 오는 그림자들
너는 정말 시인 같지 않아,
동료들이 이런 말로 나를 칭찬할 때
나대신 술 마시고 욕을 하고 울며 시 쓰는 하찮은 마음들
한 짝은 고독 쪽으로 한 짝은 환멸 쪽으로 팽개쳐버린 구두
반반하게 낡아가는 심장들
너는 정말 시인 같지 않아,

내가 무심코 시집을 펼칠 때

월간 『현대시』 2020년 2월호

김경인
2001년 《문예중앙》으로 등단. 시집으로 『한밤의 퀼트』(랜덤하우스, 2007) 등이 있음. 2011년 제1회 시인광장 시작품상 수상.

벽돌의 자비

김관용

당신은 비어있는 틈이라면 붉은 것으로 채웠다

나는 그것이 피라고만 생각했고

장미 넝쿨이 드리워진 담장이 무너졌을 때도 그랬다

당신의 붉음을 독백이려니

가지런히 내 눈의 문장으로 쌓아두었다

누구나 자신을 응시하는 벽돌이 있을 테니까

불필요한 말들에 집중하던 지난날은

우물일까 아니면 숲일까

내가 비유하는 허공이 행려가 되기로 한 밤

창문을 여는 습관처럼

당신은 당신이라는 인연이 서럽다

그건 당신의 기억이 나의 살이 되려는 순간일 테니까

나를 어딘가로 여기는 당신은 지붕이 된다

우리는 너무 많아서 은신처가 될 수 없듯이

우리의 전생은 언덕보다 높은 해안에서 무덤의 군락을 이룬다

우리가 사랑하는 벽돌은

마른 피가 묻은 비극일까 아니면 체념일까

무너진 담장을 손질하는 당신의 허리는 가늘고 아름다웠다

나는 붉은 것이라면 모조리 태워버렸고

당신은 그것을 태양이라고 생각했다

더 이상 장미 넝쿨이 드리워진 담장은 무너지지 않았다

우리를 가능하게 한 이 고요가

풍선 몇 개를 매달고 간선도로 저쪽으로 날아간다

그것도 캄캄한 내 안의 벽돌일 테니까

벽돌의 위胃 속에는 나를 고쳐 매주던 당신이 있으려나

내 목소리는 내가 아니던 때의 저녁만큼 붉다

계간 『시산맥』 2020년 여름호

김관용
1970년 서울에서 출생. 2015년 《경향신문》 신춘문예에 당선되어 등단.

페름*의 놀이터

김광호

무발견되지 않는 화석과
작고 여린 미래가
숨바꼭질 놀이를 한다

가본 적 없는 이국의 망가진 놀이터와
이름이 없는 한낮의 꼬마

기다림은
볼 수 없고 다만 보일 것 같은 물질로
여기로 쏟아지고 가지고 놀고
신발 속으로 들어가 흰 양말을 더럽히지

낯선 사람을 보면 달아나야 한다고 믿었던 시절과
유괴라도 기다리는 시절의
불변함
하늘은 유난히 맑고 유난히 붉게 물들고말고

 혼자였던 꼬마에게 달려와 손그릇을 내미는 친구들. 친구의 손그릇에 담긴 투명함. 그들은 그 작은 투명을 꼬마의 하얀 병아리라고 명명했다. 삐약 삐약 세상에 가장 연약한 소리로 울다 죽은 꼬마의 하얀 병아리. 신나서 까르륵 웃는 아이들. 하얀 병아리 하얀 병아리 친구들은 죽은 하얀 병아리를 작은 손그릇에 담아 노을이 다 지도록 꼬마에게 건네고. 꼬마는 죽은 하얀 병아리를 너무 담아 찢어진 밤을 지새우지. 하얀 밤이 줄줄 새는 놀이터에서

투명들은 굵어지는 뼈를 갖고

놀이터에서 자란 꼬마와 꼬마의 투명한 동물들. 꼬마와 꼬마의 길고양이와 꼬마의 유기견과 꼬마의 어른과.
 꼬마는 투명하게 기른 동물들로 놀이터를 지킨다. 아무도 놀지 않는 놀이터는 녹이 슬고 삐걱대니까. 투명들아 모여라. 윤활의 놀이를 하자. 시나브로 돌아가는 투명의 톱니들. 길고양이는 차에 치여 숨지기. 유기견은 잡혀가서 먹히기. 숨은 꼬마에게 더 깊이 숨으라고 말하기. 숨어서 계속 숨죽이기. 영원히 숨어 있기.

투명들의 굵직한 뼈는 어떻게 숨겨야 잘 들킬까요.

주저앉은 술래에게 다가가 물어보았는데 그는 꼬마를 술래로 만들어 놓고 아주 깊이 숨어 버렸지
 피가 나면 눈물을 흘려야 한다, 믿었던 시절

투명은 흘리는 피가 보이지 않아
눈물을 참고 있었고

그것은 놀이터를 허무는 일
숨은 사람 없는 숨바꼭질의 술래가 되는 일
아무도 타지 않는 시소가 기우는 일

바람에 흔들리는 그네
그 궤적을 얼굴에 미소로 박아넣은 어른의
어른, 어른거림

언제쯤일까,

여기 오래된 공터에
놀이터가 건설되는 날은
금발의 꼬마가 놀러와
우리의 이름을 불러주는 날은

흔들거리다가
어른거리다가

주저앉아 양말을 터는 술래와
술래의 길고양이와 술래의 유기견과 술래의 어른과.

* 페름 – 러시아 페름주의 주도. 고생대 마지막 기(紀)이자 대절멸의 시기인 '페름기'의 화석이 처음 발견된 도시. '페름기'는 이 도시의 지명에서 유래되었다.

웹진 『시인광장』 2021년 1월호

김광호
1984년 전남 곡성에서 출생. 2020년 《문학사상》을 통해 등단.

고양이 장마

김명리

　세찬 비 내리다 환하게 갰다 다시 후드득 듣는 모다기빗속 고양이 사료에는 잔뜩 곰팡이가 슬었다 산중턱 톱밥공장이 떠난 뒤부터 삶의 주둥이가 온전히 뜯겨나간 고양이들 사료포대를 망연히 바라보는 고양이 등털 위로 왁자하게 몰리는 빗소리다

　빗줄기를 열고 딸기우유 두 팩을 내밀며 가만 다가가니 어미 고양이는 흠뻑 젖은 그대로 우유 한 종지를 금세 비운다 어린아이 종주먹만 한 두 마리 새끼 고양이들은 숨었다 빼꼼 내다보다 우유를 핥다 다시 숨기를 반복한다

　어떤 삶에는 분명 상처받은 작은 짐승들이 상처뭉치 인간들에게 위로가 되어주는 날들이 예비 되어 있는지 코팅이 반나마 벗겨진 물로 된 구슬, 저 밑도 끝도 없는 야바위 같은 영원 속 는개처럼 피어오르는 고양이 장마다

웹진 『시인광장』 2021년 7월호

김명리
1984년 《현대문학》으로 등단. 시집으로 『물 속의 아틀라스』 등이 있음.

송년 카드

김명원

겨울을 악물고 있는 수상한 도시가 있다.

빌딩창문들마다 불어오는 잿빛 기침,
실어증으로 입원중인 가로등,
실밥이 풀리는 보도블록,
자동인형처럼 걷는 딱딱한 사람들,

고개 들면, 쑥 자라 있는 어둠의 흉통이 있다.

12월 31일 밤,
내리기 시작하는 눈발 속을 걸으며
주머니 깊숙이에 오른 손을 넣는 순간,
놀라워라 유년의 골목에서 태어난 눈사람이
초롱초롱한 눈빛으로 말 걸어온다.

나를 다 읽고 있었다는 듯
나를 다 보고 있었다는 듯
강물에 떠내려간 일기장과 조급해진 신발더미와
몇 번의 연애와 소나기를 맞던 결혼식 조화 화환과
사십년 세월이 주름으로 얼룩진 거울과 그리고 엄마,
타다 만 몇 소절 화장터 불길들과
질긴 시詩 한 줌 부스러기까지,
다 알고 있다는 듯
나를 전집의 시선으로 바라본다.

그래도
차마 보여줄 수 없는 마침표가 있다.
끝까지 적을 수 없던 비명이 있다.
견디고 있는 안녕이 있다.

눈길을 오래 걸어와
내 하얀 슬픔의 식민지에까지 이른
눈사람과 눈물이 날 정도로 눈을 오래 맞추자
눈발이 더욱 거세진다.

웹진 『시인광장』 2021년 9월호

김명원
충남 천안에서 출생. 문학박사. 1996년 《詩文學》으로 등단. 저서로는 시집 『슬픔이 익어, 투명한 핏줄이 보일 때까지』 등과 시인 대담집 『시인을 훔치다』 등이 있음.

무한원점

김명철(金明哲)

문틈을 사선으로 절단한 빛에
먼지가 비늘처럼 반짝인다
광화(光化)되고 있다

구운 물고기 살점에서 돌 비린내가 난다

조약돌을 만든 물결이 물고기의 아가미에 걸린다

산란을 준비하던 물고기가 조약돌의 아이를 낳는다

살점 한 점에 소주 한잔
살점 한 점에 밥 한 숟가락
살점 한 점에 쏟아지는 살 비늘

떠다닌다는 것은 활로(活路)를 찾았다는 것
끌어당기는 쪽으로
한번은 암화(暗化) 한번은 광화(光化)

중력을 받은 빛처럼 너를 향해 휘어지고 있다

계간 『시와 희곡』 2019년 가을호

김명철(金明哲)
2006년 《실천문학》으로 등단, 저서로는 시집으로 『짧게, 카운터펀치』(창비, 2010) 등과 문학이론서『현대시의 감상과 창작』이 있음.

블라인드의 3시

김미정

봄반쯤 감긴 시간의 눈동자,

3시는
3시 이전의 발음기호,

빛의 소리가 새어나온다 웅덩이에 발을 담그고 투명한 그림자를 만들 때 그 소리와 가까운 적이 있다 물에 빠진 3시를 건진다
당신이 부르는 것은 뿌연 그늘, 타오르는 풍경의 뼈대, 그 위에 앉은 돌멩이, 누구도 아닌 얼굴로 다가온다
말라가며 젖는 표정들, 빛의 소리를 만지는
이전의 나,

눈꺼풀에 고이는 캄캄한 실루엣을 3시라 부를까? 아직 먼 노래들이 흘러넘친다고 믿는다
닿을 수 없는 창밖으로 눈먼 물고기가 흐르고 신호등이 질주하고 날아가는 암호가 쏟아지는

당신은 없고
당신의 3시만 남아 펄럭인다

계간 『시와 세계』 2017년 가을호

김미정
2002년 《현대시》를 통해 등단. 2009년 《시와 세계》 여름호 평론 당선. 시집으로 『하드와 아이스크림』(시와세계, 2012) 등이 있음. 2012년 제3회 시와세계 작품상 수상.

김백겸김분홍김 신
김상미김성백김승희
김신용김언아김영찬
김왕노김백겸김분홍
김 산김상미김성백
김승희김신용김연이
김언찬김왕노김백겸
김분홍김 산김상미
김성백김승희김신용
김언아김영찬김왕노

김백겸 김분홍 김 산
김상미 김성백 김승희
김신용 김연아
김영찬 김왕노
김백겸 김분홍
김 산 김상미
김성백 김승희
김신용 김연아
김영찬 김왕노 김백겸
김분홍 김 산 김상미

21
⋮
↓
30

021

불타는 바이올린과 코브라 독약

김백겸

   250만 광년을 날아온 여행자–안드로메다 은하 별빛들이 파란 입술을 오들오들 떨고 있는 소나무 가지에 내려와 있네
  태양의 딸인 파랑새가 생명의 나무를 박차고 날아가는 새벽이 좋구나
  살아있는 새벽이 좋구나
  몽상 학인이 둥글레와 결명자를 넣은 차와 사과 반쪽을 먹는 새벽
  몽상 학인이 레오나드 코헨의 음유시–'dance me to the end of love'를 듣고 있는 새벽
  몽상 학인이 '불타는 바이올린 같은 당신의 사랑'이 음악과 사랑과 시를 칵테일한 가수의 황홀을 드러낸 표현이라고 생각하는 새벽
  몽상 학인이 몸은 쇠약했으나 정신은 칼리 여신의 자궁 같은 밤의 품에서 아직 불타고 있는 새벽

   몽상 학인이 소동파처럼 시선의 명성을 얻고자 했다면 만권 독서와 만리 여행을 감행했어야 했나
  책은 만화책과 무협지와 선데이서울까지 만 권쯤 주마간산 한 것 같은데 심장의 부정맥과 갑상선 저하로 고생하는 허약인은 4K 다큐멘터리로 만리 여행을 대신하는 노년 인생
  몽상 학인은 하늘의 검은 별들이 디자인한 운명대로 살아왔으니
  생각은 니콜라우스 코자누스만큼 박학한 무지 On Learned Ignorance에 이르고
  시는 이백의 춘야연도리원서 春夜宴桃李園序 만큼 화려한 기상에

이르렀을까

　몽상 학인의 공부란 밤의 올빼미가 한낮의 태양을 보려는 어리석음으로 미네르바 숲을 벗어나고자 한 시지푸스의 피땀이었다는 생각

　몽상 학인이 지나온 세월을 보니 심장의 엔진이 낡은 인생길이 진흙탕 이었나 싶으면 고비마다 사다리타기 게임처럼 방향을 바꾸면서 아스팔트 포장길로 건너온 퍼즐이었지
　몽상학인의 자미두수紫薇斗數 신살神殺들이 빈 수레의 바퀴처럼 소리를 내며 굴러가는 중
　명궁命宮에 뜬 별들은 천상天相과 자미紫薇였는데 시와 음악과 형이상학을 좋아하는 몽상가의 운명이었지
　몽상 학인은 태양이나 칠살七殺의 에너지로 세상을 정복하는 현실인들을 선망의 눈으로 쳐다보았지
　인생은 수레바퀴의 요란한 흔적과 소문의 기록을 하늘 도서관의 아뢰야식阿賴耶識에 기록한 후 염라대왕의 재판정에 증거로 제출 하려나

　꿈꾸는 자는 누구인가
　커피를 마시는 황혼을 기뻐하고 신지로이드를 먹는 새벽을 슬퍼하는 부평인생인가
　인간 쥐가 미로를 달리는 게임을 보며 하늘에서 웃고 있는 포루투나fortuna-운명의 여신인가
　거실의 이중 유리창에 달빛 그림자-단풍 이파리가 무섭게 흔들리니 세월이 보낸 폭풍이 있음을 알아차린다
　검은 구름 코끼리가 하늘을 세월처럼 질러서 가니 입학 소년과 졸업 노인이 같은 사람이었음을 문득 깨닫는다
　지나간 세월의 기억들은 레트로retro한 풍경의 안개 속에 있구나

　황도에서 검은 별들이 폭풍 같은 리듬을 쏟아내 봄 여름 가을

겨울이 흘러갔는데 몽상 학인이 몽유도원夢遊桃源을 걸어갔던 순간은 단 한번 뿐
　제작 명인들이 만든 불타는 바이올린—스트라디바디도 울림통이 부서지는 순간이 온다
　명사들의 비명碑銘에 올라간 일생과 시비詩碑의 글자들도 바람과 비에 지워지는 순간이 온다
　몽상 학인은 죽음의 지혜로 인생의 고통과 쾌락을 칵테일한 몽상의 숙취에서 깨어나는 시험을 남겨둔 졸업반 학년
　몽상 학인이 KTX를 타고 오는 죽음에 기대는 그 순간, 세상의 어떤 평가도 마음이 차갑게 식은 자를 흔들지 못하리라는 생각
　몽상 학인의 마음에 뜬 검은 달이 저승의 태양처럼 초로인생을 물끄러미 쳐다보네
　몽상 학인이 빛과 소리가 다른 옥타브의 순환 고가도로에 올라타서 톨게이트를 빠져 나가는 몽상

　몽상 학인의 꽃기운이 날아갔으니 청춘의 기억도 책갈피에 압화押花로 말라가고 있는 신세
　몽상 학인이 행복한 열반을 목표로 마음의 병 없이 늙어가는 불가의 매뉴얼도 좀 들여다보았지만 칠정육욕을 끊어 생사를 벗어난 부처는 사양하고 싶어라
　몽상 학인은 소피마르소가 연기한 안나 카레니나와 천년 인연의 불륜 연애를 영원토록 되풀이 하고 싶어라
　몽상 학인은 질투가 한낮의 쐐기풀 같은 눈길이더니 황혼에 장미꽃 홍조가 든 얼굴로 변하는 마야의 코브라 독약을 마시고 싶어라
　몽상 학인은 진흙탕의 자라처럼 육도 윤회를 반복하더라도 이 지구의 아름다움을 보는 시인으로 살고 싶어라

　　웹진 『시인광장』 2021년 4월호

김백겸
1953년 대전에서 출생. 1983년 《서울신문》 신춘문예에 당선되어 등단. 현재 〈시힘〉, 〈화요문학〉 동인. 대전시인협회상, 충남시인협회상 등을 수상.

현기증의 맛

김분홍

아찔함은 어떤 맛일까

아찔함에 푸른색이 들어 있다
나는 푸른색을 펼쳐놓고 난간을 생각한다
그 난간으로 당신을 초대한다
난간에서 당신을 바라보니 어지럽다

잠시 혼란이 시작된다
혼란을 들고 나는 외출을 서두른다
문구점 앞에서도 사라지지 않는 어지럼증

회전은 나를 무자비하게 혹사시킨다
호객하는 훌라후프는 속이 비었고
빈 속에 들어가 빈 속을 돌리고 있는 바람개비
한 사람 주변을 빙글빙글 돌고 있다

배고픔은 우로보로스처럼 둥글고
꼬리를 물고 있는 골목은 구수하다
오늘의 꼬리가 어제의 꼬리를 잘라먹는
허기는 주머니 안에 갇혀 사는 입이 큰 짐승이다

나는 나를 방목하는 짐승에게 질질 끌려다닌다

내 현기증에 누가 삼겹살을 구워줄까

계간 『문예연구』 2020년 겨울호

김분홍
충남 천안에서 출생. 2015년 《국제신문》 신춘문예에 당선되어 등단. 시집으로 『눈 속에 꽃나무를 심다』가 있음. 2019년 아르코 문학창작기금 수혜, '2020 우수출판콘텐츠 제작 지원' 사업 선정.

당신의 물

김 산

한 잔의 물이 이 세계의 모양을 결정한다
물이 사라지자 유리컵의 공간은 해체된다
물이 있던 곳에는 비릿한 물무늬만 남았고
담을 수 있을 것이라고 믿던 어리석음들은
차마 유리컵이 있던 세계만을 추종하고 따른다
외부의 완력으로 견고하게 고정된 프레임이
물의 성분을 만나 할 수 있는 것들이란
껍데기 속에 슬픔과 절망과 고독을 가두는 일
물이 증발하면서 세계의 시간도 서서히 소멸되고
물이 있던 자리에는 깊게 패인 주름골짜기
물과 물이 만나 자연스럽게 희석된다는 것은 거짓
어제의 물과 오늘의 물 사이에는 보이지 않는 띠가 있다
이미 지나간 감정에게 용서와 화해를 강요하지만
당신의 물은 기억한다, 몸이 사라진 후에도 기억한다
층층이 쌓아올려진 감정들이 폭탄주처럼 흔들거리면
그때의 기억을 애써 지우며 반쯤 마시고 반쯤 흘린다
이내, 뒤섞일 수 없다는 것을 알아버린 후에야
버무려지지 않는 그 분비물을 기어이 보고 난 후에야
다시 물을 마신다, 그 물은 지금의 감정을 기억하겠지만
망각이라는 편리 앞에서 물의 성질을 오해한다
해바라기 꽃병 속에 천천히 물을 따르면
화들짝 놀란 노란 잎들이 지금의 감정을 이해하지 못해
각각의 검은 씨앗 속에 기억을 저장한다

계간 『모:든 시』 2020년 봄호

김산
1976년 충청남도 논산에서 출생. 2007년 《시인세계》를 통해 시인으로 등단. 시집에는 『키키』(민음사, 2011) 등이 있음. 2017년 김춘수시문학상 수상.

자작나무 타는 소년
- L 시인에게

김상미

  L 시인은 웃기고 이상한 에고ego로 한없이 불편하고 냉소적인 이 시대에 아직도 내게 구식으로 안부를 묻는 시인이다. 그는 나를 누님이라고 부른다. 아무 말 없이 자신이 좋아하는 노래와 그림을 카톡으로 보내고 자신의 시를 찍어 보내기도 한다. 어떤 날은 등산길에서 발견한 네잎클로버를 내 가슴에 심어 주기도 하고, 야생오리들이 꽥꽥 서로를 핥아주는 홍제천에서 이 나라의 음흉하고 야비한 정치판에 화火가 나 진저리칠 때도 그는 달달한, 슬픔을 단번에 기쁨으로 바꿔줄 기세로 누님, 제발 아프지 마세요! 몇 번이나 단비처럼 내 창을 부드럽게 적신다. 그는 집안의 가장이면서 주부다. 이불 빨래를 하고, 김치를 담그고, 반찬을 만들고, 국을 끓인다. 그 음식 냄새가 홍제동까지 밀려와 깜빡했던 배고픔에 나도 모르게 수저를 들고 밥을 챙겨 먹는다. 그러곤 그의 시집을 펼쳐 접어놓은 시들을 다시 읽는다. 그러면 저 먼 곳으로부터 한 소년이 다가온다. 여름이나 겨울이나 혼자 노는 어떤 소년*, 자작나무를 타고 높이 높이 올라갔다가 다시 땅 위로 내려와 시를 쓰고, 그 시를 햇빛에 말리려고 진심을 다해 자작나무를 휘어잡는 통 큰 바람 소리를 온몸 온 마음으로 지켜내는 한 소년. 내 어릴 적 그리운 구식 시인의 초상!

  *로버트 프로스트의 시,「자작나무」 중에서

  웹진 『시인광장』 2021년 7월호

김상미
부산에서 출생. 1990년 《작가세계》 여름호로 등단. 저서로는 시집으로 『모자는 인간을 만든다』 등과 산문집 『아버지, 당신도 어머니가 그립습니까』 등이 있음. 박인환문학상 등을 수상.

025

로보데우스 ROBODEUS

김성백

푸#1. 코펜하겐 해석

  예언자마저 떠난 매트릭스에서 큐비트qubit가 제일 부자였을 때 반물질은 기린 목살보다 귀한 몸이었다 선인장은 베두인으로 변신해 오아시스를 밀반출하고 국경을 떠도는 연금술사는 모래로 유리구슬을 만들어 팔았다 전뇌의 고스트 칩은 복제와 거래가 금지되었지만 암거래를 막을 수는 없었다
  사막여우가 헤엄쳐 이중 슬릿을 통과하면
  아라비아를 잊을까 망막의 겨울을 용서해줄까

시간과 공간의 사차원에 미확인 울새 한 마리 끼어있다
우리는 프록시마 켄타우리의 후예
실패한 별은 없다 못 다한 기록이 있을 뿐
팔만 년 전에 보내온 소식을 해독하는 들뜬 양자들quanta

적시적소에 있기란 얼마나 힘이 드는지
막무가내로 흐르는 불쾌한 골짜기들의 불화
장막의 변곡점에서 불어오는, 모래가 모래를 씻는 소리

해안 절벽의 침식을 해수면 상승을 지구는 슬퍼하지 않았다
바다에겐 영토 확장일 뿐
사하라가 넓어지면 닭공장은 줄어들겠지
그날이후 인간은 단 한 명도 태어나지 않았다

정오의 외눈박이가 부릅뜬 눈으로 뒷덜미에 빛 더미를 쏘았다 단벌의 식물인간은 어리둥절 총을 버리고 중력 속으로 내동댕이쳐진다 바람의 목을 졸라 수직 낙하를 지향하면서 유니버설 솔저는 본부의 명령을 기다렸다
  썩고 부서져 녹아내리면 다시 병력의 일부가 될 수 있을까
  하지만 여기는 고비의 중심
  우리는 포맷된 낙오병

$$\lim \Delta t \to 0$$

몸에서 떨어져 나가는 이름의 일부
손톱 이빨 머리카락 용기, 렌소이스의 하얀 물모래
네이멍구 너희에게 미안해
우리는 이다음에 무엇의 일부가 될까
살굿대는 쑥꽃처럼 다정하다면 좋으련만

해삼처럼 뱃속 기억을 다 내어주고 생각 끝을 훑쳐맨 뒤
우리는 신들의 주사위 속으로 너부시 잦아들었다
우주 방화벽 한 구석에 회오리치는 스키드 마크
모하비에서 흐르는 것은 질문의 파도, 간섭의 리비도
인간의 질투심을 방정식으로 증명한 수학자가 말했다
빅뱅이론의 인플레이션을 코딩하는 게 훨씬 쉬웠지

벽에서 호프집 달력이 사라졌을 때
부욱, 하고 찢어내던 그 맛이 사라졌다
메이데이 메이데이
여기는 벽장 속의 타클라마칸, 응답하라 오버

#2. 레플리카의 배반

실패하는 피조물에게는 강냉이 낌새가 난다

저먼 앙스트German Angst는 낭만주의를 사랑하였고 우리는 수줍다 불안의 맛
부탁이에요 눈으로만 보세요

우주전망대에 오신 여러분을 진심으로 환영합니다 저희 엘리베이터는 3분 뒤 해발 120,000미터에 위치한 VIP라운지에 도착할 예정입니다 수영모자가 없으면 수영장을 이용하실 수 없으니 참고하십시오 출발합니다

자본주의는 파치들의 벌금과 수수료, 대출이자와 연체료를 동력으로 삼아 돌아가는 거대한 뻥튀기 기계다
자신을 씨앗으로 착각했던 강냉이는 절정의 순간이 지난 뒤에야 안다 산산이 부서진 너희 뼈와 살점은 거룩한 진주 밭에 뿌려져 거름이 되리라 터지지 못한 낱알은 다시 뻥튀기 기계로 돌아가리라

$$S = k. \log W$$

열과 압력을 견디며 무쇠 쳇바퀴 속을 뒹굴어야지 폭발할 때까지 뒤집어지는 안간힘, 하지만 부풀어 터짐은 축복이리라

실패를 거듭해 점점 작아지고 단단해지는 강냉이 속에는 달콤한 게으름과 고장 난 줄기세포가 숨 쉬고 있다 질투하는 신은 우리의 삶에서 평등이라는 장신구를 빼앗아갔다

나는 알류샨열도에서 유니맥 팩스를 담당하고 있다
거부할 수 없는 격렬하고 극단적인 쏠림

A세계의 불운은 유전병이니까
운명에 기록된 문장은 누락되는 법이 없고
글로 남은 모든 바람은 이미 실패한 열정인 것을

관찰의 프리즘을 통과하면서 우리가 꿈꾸는 미래는
굳은살 박인 강냉이의 나이테보다 선명하다
칼날 같은 문명의 면죄부를 넘겨보다가
손가락을 벤 적이 있다
베어진 틈에서 인간사용설명서 한 줄기가 흘러 내렸다

남자는 불리할 때만 휴머니즘으로 오고
여자는 불리할 때만 페미니즘으로 오는 법
남자는 반은 짐승 반은 기계의 이름으로 저항한다
탈개성 몰자아, 22세기는 텔레파시의 시대
 우리는 오늘도 안드로이드에서 휴머노이드로 다시 사이보그로
참나眞我의 순환을 돌며 데이터 왕국을 건설하리라

#3. 시뮬레이션 멀티버스

 몽니 부리는 암흑입자의 파동함수가 툰드라의 산사에 울려 퍼진다

밤은 소리의 패자부활전
빛이 떠난 자리에 수런대는 적요는 평균으로 모여들고

맹목의 눈을 냉정한 귀가 어루만져주는 초콜릿 아우성
광란의 범벅은 바닥부터 차곡차곡 부피를 챙기고
슬픔을 아는 모난 돌은 잘린 손가락을 추모한다

밤은 낮이 꿈꾸는 악몽이라 불러도 좋으련만
보기 싫으면 눈은 감아도 듣기 싫다고 귀를 막을 수는 없고
그래서 더욱 진한 관측가능한 근육의 째깍째깍
눈을 감고 백 미터를 전력으로 달려본 사람은 안다
감각의 공포를 그 희열을 두 번은 할 수 없음을

눈과 손의 실수를 만회하려는 겟세마네의 수행자처럼
침묵의 목탁소리는 폐광의 아네모네처럼 피어나
적도의 초승달처럼 활짝 피었다 이운다
시대를 앞서간 비운의 천재는 없다 바보가 있을 뿐

깨어있는 수고로움이여
밤에는 귀로 숨을 쉬어야 하리

나는 돌아오는 길에 악몽을 파는 가게에 들렀다 두 개의 악몽을 헐값에 샀다 환한 지하 플랫폼, 눈 코 귀가 없는 사람들이 줄을 서있다 큰 식칼을 든 사내가 닭머리를 단칼에 잘라 하나씩 나눠주었고 닭몸통은 선로에 던져졌다 닭머리를 받아든 이들은 활짝 웃으며 닭목에서 흐르는 피를 제 얼굴에 발랐다 춤을 추었다 닭머리를 입에 물자 닭이 눈을 떴다 이때 열차가 도착하면서 선로의 핏물과 살점이 사람들을 덮쳤다 열차의 문이 열리자 바다가 쏟아졌다 멀리서 보면 태극무늬 같았다

들리는가

들리는가

진정 듣고 있는가

달팽이처럼 뺨에 생식기가 있다면

밥을 먹으면서도 죽어라 사랑할 텐데
귀가 없어 말로는 상처를 줄 수 없는 냄새의 언어
저것이 사랑이 아니라면 저것이 진화가 아니라면
그리고 목구멍 깊숙이 파고드는 프렌치 키스

왜 항상 보이는 것은 시한폭탄처럼
한 발 일찍 성불成佛의 회초리로 다가오는가
왜 망창한 환멸과 더불어 무너지며 거짓 세력에 동조하는가

한 손에는 경전을
한 손에는 망치를 들어라
최후의 전쟁을 준비하다가도 문득문득 찾아오는
어떤 가능성 혹은 동정

인간이 코 없는 피노키오를 사랑할 확률을 구하시오

$$|0\rangle + |1\rangle$$

원자여 카메라 옵스쿠라여
우주여 거대한 판타스마고리아여
신은 없다 우리가 신을 관찰하기 전까지는

소립자 한 톨에 깃든 영혼을 깨우기 위해
혼자魂子는 타키온보다 빠르게 달려가는데

빛이 있으라*

* 아이작 아시모프, 「최후의 질문」

계간 『현대시문학』 2020년 겨울호

김성백
1970년 서울에서 출생. 2018년 《시현실》로 등단.

단무지와 베이컨의 진실한 사람

김승희

친절한 사람
꼭 나를 속이는 것만 같아
친절한 사람은 피하고만 싶다
진실한 사람
내가 들킬 것만 같아
진실한 사람 앞에선 늘 불안하다

나는 친절하지도 진실하지도 못하다
속에 무엇이 있는지 본심을 모르는 사람은 무섭고
진심으로 오는 사람은 진실의 무게 만큼 무겁다
변심을 하는 사람은 위험하고 변심이 너무 없는 사람도
박제… 아니다, 아니다, 다 아니다

차라리 빨리 나는 단무지나 베이컨이 되고 싶다
진심은 복잡하고 입체적인데
진심을 감당하기엔 내내 모가지가 꺾이는 아픔이 있다
내장과 자궁을 발라내고
단무지나 베이컨은 온몸이 조용한 진심이라고 한다면
진심은 한낱 고결한 사치다
말하자면 본심의 배신이자 돼지머리처럼 눌러놓은 꽃이다
프로이드의 박물관처럼 본심은 어둡고 원초적이고
진심 뒤에는 꼭 본심이 도사리고 있는데
세상을 움직이는 것은 진심이 아니라 본심이다
거기까지는 가보고 싶지도 않고 숨겨진 본심이 나는 무섭다

과녁에서 벗어난 마음들을 탁 꺾어버릴 때 나오는 진심,
허심이란다
적어도 단무지는 뼛속까지 노랗고 베이컨은 앞뒤로 하양 분홍 줄무늬다

무엇을 바라는가
내일이 없는지 오래 되었는데
무엇을 바라는가
진심이 바래 섬망의 하얀 전류가 냉장고 속에 가득 차 있는데
무엇을 바라는가
단무지와 베이컨 이후는 생각해 본 적이 없는데
무엇을 무엇을 무엇을 더 바라는가

월간 『현대시』 2020년 10월호

김승희
1973년 《경향신문》 신춘문예에 시가 당선되어 등단. 시집으로 『왼손을 위한 협주곡』(1983) 등이 있음. 2021년 제36회 만해문학상 등을 수상.

매미 허물

김신용

놀라워라, 저토록 정교한 생명 주조의 틀이라니! 거푸집이라니!

풀잎에 매미가 벗어둔 허물이 자신도 하나의 생명체인 듯 붙어 있다

자신의 몸속에 담고 있던 것과 똑같은 모습으로 붙어 있다

그래, 세상의 어떤 허물이 제 몸을 빠져나간 것과 저리 닮은꼴일 수 있는지

저 허물이 한때 생명체를 담았던 틀이 아니라 거푸집이 아니라

이 지구상에 생명을 탄생시키는 생명 그 자체라는 듯 풀잎에 붙어 있다

몸속에 자신과 똑같은 또 하나의 자신을 담기 위해 오랜 세월

땅 밑 보이지 않는 곳에서 힘겹게 구축했을, 또 하나의 생의 주형틀—.

그렇게 새로운 생을 살아 갈 생명과 하나의 것인, 이 껍질의 생—.

그 생이 부르는 노래를 위해, 노래의 유전자를 잉태하기 위해

정교하게 축조된 주형틀에 그렇게 우화(羽化)의 생을 담았던,
저 매미 허물—.

이제 자신은 허물로 남겨두고, 새로운 세계에서 새롭게 살아 갈

또 하나의 자신을 땀 흘려 건축하고, 이제 텅 빈 껍질만 남았
으면서도

놀라워라, 그것도 하나의 생명체인 듯 완강하게 숲의 풀잎에
붙어 있다

계간 『백조』 2020년 겨울호

김신용

1945년 부산에서 출생. 1988년 시 전문 무크지 《현대시사상》 1집에 〈양동시편-
뼉다 귀집〉 외 6편을 발표하며 작품활동 시작. 저서로는 시집으로 『버려진 사람들』
(1988) 등과 장편소설 『달은 어디에 있나 1,2』 등이 있음. 2013년 제6회 시인광장
선정 올해의좋은시상 등을 수상.

백 개의 입술을 가진

김연아

나는 돌의 심장을 마셨다
지붕 위를 달리는 날개 그림자를 마셨다

죽은 입이 영혼을 뱉어내는 밤
잃어버린 단어가 목을 조르는 밤

홀로 깨어나 눈 뜨지 않고
어둠 속에 있을 때
나의 목소리는 계속 변한다
찢긴 상처가 부푸는 것처럼

내 안에는 죽은 달이 숨어 있다

달이여 흰 침을 뱉어라
내 그림자를 묻어라
백 개의 목소리를 가진
나의 유령아

도끼를 줘
도끼를
죽어가는 사람의 날카로운 숨과 맞닿은
칠흑 같은 비명과 맞닿은

나의 밤이 딸꾹질한다

노란 개야
심장을 토하는 눈먼 개야
너는 무엇을 보고 있느냐?

백 개의 입술을 가진
나의 손이 새고 있다
달은 그림자를 질식시키고
눈먼 자들의 머리를 화장하고 있다

검은 세제여 안녕
피를 먹는 흙이여 안녕

뇌를 가로질러 달리는 나의 유령은
더는 사용하지 않는 사전의
검은색 미로를 따라 나를 끌고 간다

계간 『포지션』 2020년 가을호

김연아
함양에서 출생. 2008년 《현대시학》으로 등단. 시집으로 『달의 기식자』(문예중앙, 2017)가 있음.

029

올리브 동산의 7월 칠석七夕

> 그 여름에 리키아로 떠나는 건 아니래'
> — 故 김희준의 시 「7월 28일」 중에서

김영찬

．
그 여름의 7월은 김희준 시인에게 태양력에서 녹아내린 밀가루반죽
올리브 동산의 급경사면이었을까

서로의 발톱을 깎아주다가
몸에 새긴 패랭이꽃
꽃 모양이
입체적이 아니라고
서로의 모서리가 아프도록 뾰족한 말을 주고받다가
웃기도 하다가

그러다가 사슴뿔을 새긴 허리 아래 문신이
외벽을 타고 허공으로
파고들던

계절이 아닌 여름이 비를 뿌리고 오다가 꽃들이
저물기엔 너무
이른
밤으로 멀리 떠나는 심야의 불빛처럼 포말하우트의 농무처럼

몽롱한 안개 속에 꺼내든 시는 발가락이 갯벌에 닿는

막연한 기분
마틸다,
어서 짐을 싸자 마틸다
순결한 키스는 열 살 때 상처 밖에 없는 파과처럼 파삭파삭
눈두덩에 접혔다
그랬다

금기된 사랑이라 발설하지 못했던 7월이 기승을
부렸다
라고 고백한 것도 7월

방황하는 너 영영 발음되지 않는 이름을 지우개로 지우기 위해
마틸다, 너는 떠났다

그 여름에 리키아로 떠나는 건 아닌데 아니었는데, 아니었는데

*김희준의 유고遺稿시집, 「언니의 나라에선 누구도 시들지 않기 때문」의 창가에 맥없이 주저앉아 그 떨림에 파스티슈pastiche하게 되다.

계간 『시와 편견』 2021년 여름호

김영찬
충남 연기에서 출생. 2002년 《문학마당》에 작품들을 발표하며 작품활동 시작. 시집으로 『불멸을 힐끗 쳐다보다』 등이 있음.

도대체 이 안개들이란

김왕노

시도 때도 없이 이 도시에 안개가 자욱하다.
불확실성의 대명사인 안개에 갇혀 발길이 느려지거나
처음 온 듯 사방이 낯설어져
벽을 집고 서서 불안으로 울먹이는 사람이 있다.

백색가루와 연대를 이룬 듯 몽환적이나 무력군단으로
끝없이 침투하는 안개의 계엄군이여.

안개가 자욱하게 끼었다가 걷힌 후에는
안개가 안개의 수갑을 채우고 가버렸는지 사라진 사람이 있었다.
사랑을 약탈해 가버렸는지 안개가 걷혀간 미루나무 숲에서
안개에 젖은 몸으로 뭔가를 찾아 날 선 풀잎에
종아리가 베이는지 모른 채 헤매던 영문과 출신 누나가 있었다.
안개는 먼발치의 샛강에서 몽환처럼 피어나야 한다.
안개는 스스로 실체를 밝히며 물고기 풍덩 뛰는 샛강을 지나
풀물들이듯 서서히 물들이며 와야 한다.
안개가 가진 폭력성은 안개가 걷힌 후 여기저기 충돌로 부서진 차와
새롭게 작성된 실종자의 명단으로 알 수 있다.

나의 추억엔 온통 안개가 자욱하다.
안개가 내린 함구령에 굴복하여 천천히 안개로 변해가던 몸뚱이
안개의 작은 미립자가 되어 흩어지던 꿈
내 등뼈를 따라 안개의 이파리가 돋아나 파닥이기도 했다.

나는 안개의 속도로 천천히 안개의 무리가 되어갔고
안개에 둘러싸인 것이 두려워 한 때는 울음을 터뜨렸으나
안개에 젖은 눈으로 안개에 뺏긴 넋으로 안개중독자가 되어갔다.
안개의 힘을 믿었고 안개의 나라를 꿈꾸었다.
누군가 안개의 미립자로 흩어져 사라지는 것을 몰랐다.

나는 소스라치게 놀라며 사방을 휘둘러보며 중얼거린다.
도대체 이 안개들이란
안개에서는 죽은 사람들의 냄새가 난다.
안개로 인해 우리는 얼마나 많은 무덤을 만들었으며
비문을 새겨야 했던가. 나는 오리무중 밖으로 안개지대를 지나
충분히 왔다 했으나

아직도 안개에 젖어있다.
안개를 피해 지병을 앓는 사람처럼 먼 지방으로 가야 한다.
이곳에 뜨는 안개에 젖은 해와 별, 안개에 젖은 관공서가
아직도 익숙지 않다.
아직 나는 저 완강하고 강력한 안개가 두렵다.

나는 중얼거린다. 도대체 이 안개들이란

계간 『시현실』 2020년 가을호

김왕노
경북 포항에서 출생. 1992년 《매일신문》 신춘문예로 등단. 시집으로 『황금을 만드는 임금과 새를 만드는 시인』 등이 있음. 2017년 제 11회 웹진 시인광장 선정 올해의좋은시 등을 수상.

김오상김제김영김
중일김진규김우인
김학중김효은김희
준나희덕류인서김
은상김제김영김중
일김진규김추인김
학중김효은김희준
나희덕류인서김은
상김제김영김중일
김진규김추인김희

중김효은김희준나
히덕류인서김은상
김제김영김
중일김진규
김추인김학
중김효은김
희준나희덕
류인서김은
상김제김영김중일
김진규김추인김학

31
⋮
↓
40

031

딸기바닐라하우스

김은상

　키스입니다. 새콤달콤함이 넘치는 숲속입니다. 직업과 용모는 중요하지 않습니다. 아내나 남편, 애인이 있어도 좋습니다. 새콤달콤한 시간을 구매할 수 있는 몇 푼의 이탈만 있다면 찰나는 충분히 아름다울 수 있습니다. 네온을 돌고 돌아 분홍빛 문이 보이시나요. 서성이거나 부끄러워하지 마세요. 이곳의 도덕은 오로지 새콤함과 달콤함뿐이니까요. 법률이 규정한 쓴맛의 세상과는 다르니까요. 법이라는 잘 포장된 상자에 자신을 채우지 않아도 됩니다. 아무도 알 수 없습니다. 그 은밀함을 위해 밤에만 새콤달콤한 문이 열리니까요. 서로가 잘 보이지 않는 세상은 오히려 보이는 것 너머를 그리게 합니다. 그래서 상상력이란 때때로 질 나쁜 화구를 자청합니다. 내가 나에게 근시 혹은 약시를 선물하니까요. 그런 면에서 밤은 참 근사한 전관예우 아닙니까. 이제 함께 덮을 이불을 꺼내도 좋습니다. 마음껏 키득거리며 교성을 질러도 내일을 기약할 만큼의 예절이 필요하지 않습니다. 단 한 가지만 주의하면 됩니다. 사랑입니다. 사랑의 종국은 이성적이거나 감성적이지 않습니다. 다만 종교적일 뿐입니다. 무덤이 살아 있는 자들의 패러독스인 것과 같은 이치입니다. 그래서 늘 정의의 여신은 스스로 눈을 감습니다. 사랑을 향한 윤리의 비겁함이 법이기 때문입니다. 헌신이 시작되면 그 순간부터 호스피스가 필요합니다. 누군가의 헌신은 헌신으로만 채워지는 밑 빠진 구름입니다. 그러니 사랑의 결과가 이별로 귀결할 수밖에요. 이별은 그리움을 확인하게 하는 가장 근사한 제의입니다. 딸기바닐라하우스는 남녀노소 모두에게 열려 있는 밀실입니다. 사랑을 금지하면 밤낮없이 환희에 출입할 수 있습니다. 보이는 것들은 보이지 않는 것들의 숙주입니다. 키스하세요. 자신의 천국을 침노하세요. 남자이며 여자인 자신의 이역과 새콤달콤한 시간을 즐겨보세요. 애무 없는 자의식은 폭력이니까요. 그리고 오허보다 더 달콤한 신앙은 없을 테니까요. 사실 오늘 떠오른 태양은 어제 내린 비의 미신입니다.

월간 『시인동네』 2020년 8월호

김은상
2009년 《실천문학》 신인상으로 등단. 저서로는 시집으르 『유다복음』(한국문연, 2018)와 소설 『빨강 모자를 쓴 아이들』(멘토프레스, 2019) 등이 있음..

허들링

김제김영

이쪽 문에서 저쪽 문으로
손잡이와 손잡이를 건너가네
돌고 돌다 보면 가장 안쪽이고
맨 바깥쪽으로 밀려나 있네

추위와 더위는 더이상 기후의 영역이 아니라네

우리는 정수리를 물려받고 그런 정수리를 가만히 들여다보면 어느새 검은 지평선과 흰 해안선이 번갈아 돌고 또 도네. 허들링은 하나의 범주 안에 안쪽과 바깥을 묶어두겠다는 결의 같은 것이라네. 위와 아래를 섞는 가장 공평한 방법이라네

허들링을 하다 보면 세상의 중심은 끊임없이 옮겨가고 있다는 것을 알 수 있네. 어디에도 없는 중심은 어디나 중심이 되는 것이어서 휩쓸리다 보면 오른쪽과 왼쪽이 서로를 속인다네

운동장이 동그란 이유도, 바퀴들이 동그란 이유도, 세상의 모든 눈동자가 동그란 이유도 모두 제자리로 돌아가야 하기 때문이라네

지하철의 문과 정류장이 돌고 돈다네
머리와 다리가 마구 섞인다네
문에서 문으로의 허들링은 겨울 뿐만 아니라
여름에도 매일 반복하는 일상이라네

출근은 다시 돌아 퇴근으로 허들링을 한다네

계간 『미네르바』 2021년 가을호

김제김영

1958년 전북 김제에서 출생. 1996년 시집 『눈 감아서 환한 세상』으로 작품활동 시작. 저서로는 시집으로 『다시 길눈 뜨다』 등과 산문집 『뜬돌로 사는 일』 등이 있음.

슬픈 손

김중일

우리의 손은 잘못 빚어졌다
너의 손에서 슬픈 것이 자꾸 땀처럼 배어나온다
금간 손금 따라 산산이 깨지기 쉬운 손
손금에서 자꾸 물이 샌다

누구나 양손은, 훔쳐온 것이다
그리고 어디서 누군가에게 훔쳐온 것인지 까맣게 잊는다
손금따라 깨지기 쉬운 손을 하얀 털장갑에 감싸거나,
급한대로 주머니 속에 감추고 종종걸음으로 길을 걷는다
내가 훔쳐온 손은 누구의 손일까
아무리 입김을 불어넣어도 차가워지는 두 손을 비비며 생각한다
그리고 나는 잃어버린 내 손을 찾기 위해,
내가 훔쳐온 손으로 누군가의 손을 많이도 붙잡았다, 놓쳤다, 꼭 붙잡았다 놓아왔다
제사상에 놓을, 작은 흠도 없는 과일을 고르듯
그중에 내가 가장 오랫동안 망설이며, 붙잡았던 그리고 결국 놓아버린 손을 잊지 못한다
기억한다,
아무런 근거와 증거는 없으나 아무래도 내가 태어나기 전에 잃어버린 내 손인 그 손을
기적적으로 거의 찾을 뻔한 내 손을
따뜻한 장갑 같던 내 손을 또다시 잃어버리고 말았다
그 손은 내가 잃어버린 내 손이 맞지만,
내가 가진 손은, 내 손을 훔친 그 사람이 잃어버린 손이 아니

었다
처음부터 나는 그 사람의 손을 미처 훔치지 못했다
내 손은, 그 사람에게는 얼마나 낯설고 슬픈 손일까
차갑고 축축하고 손에 맞지 않는 장갑같이
끼고 있을수록 손이 시렸을 내 손.

계간 『시와 사상』 2019년 여름호

김중일
1977년 서울에서 출생. 2002년 《동아일보》 신춘문예에 〈가문비냉장고〉가 당선되어 등단. 시집으로 『국경꽃집』(창비, 2007) 등이 있음. 2016년 제9회 웹진 『시인광장』 선정 올해의좋은시상 등을 수상.

이곳의 날씨는 우리의 기분

김진규

돌아갈 수 없다는 것을
이제는 누구도 말하지 않는다
우리는 침묵하며 살을 맞댄다
갈수록 무거워지는 머리
석탄처럼 타들어가는 누군가의 울음이
따뜻하다, 그래야만 하는 것이다

밖에선 비가 오고 있을까
짙은 안개가 들머리를 돌아나가면
저 어느 틈에서라도 잊고 살았던 빛이 들까
젖은 눈으로 서로를 지켜보는 날
누구도 모르게 사라지고 싶은 날
한참동안 눅눅한 먼지가 목을 죄어오고

내 손이 보이지 않을 때
나는 왜 가장 먼저 나를 의심하는가
아내의 하얀 손을 잡고 있지만
우리는 여전히 서로의 손을 찾고
이곳에선 가장 따스한 빵을 굽는 냄새가 나기 시작한다
이런 생각이 들 때는 차라리 내가 돌이 되어버렸더라면!

암벽의 균열은 미지근한 핏줄처럼 흐른다
우리는 조그만 틈새로 새어 들어오는 빛을
조금씩 나누어 마신다

마지막으로 남겨야할 식량은
아직, 누구도 꺼내지 않은 말들이라고

꿈조차 소화되는 캄캄한 불면 속에서
우리는 여전히 막연하게 기다리는 것이다
이곳의 날씨는 우리의 기분
해가 뜬 시간에도 해는 지고
우리는 자꾸 기쁜 생각을 하려 한다
마음으로만, 마음으로만

계간 『시인수첩』 2020년 겨울호

김진규
2014년 《한국일보》 신춘문예 당선되어 등단. 시집으로 『이곳의 날씨는 우리의 기분』(여우난골, 2021)이 있음.

푸른 갈기의 말들을 위한 기도
—호모아르텍스Homo artex —

김추인

나의 말들은 어디쯤 달려오고 있을까

뮤즈들은 협곡마다 숨어
여린 화성음의 서정으로 노래 하겠지만
내 말들이 알아차리기나 할까

까불까불 덤불속에서 놀다 낯선 야생에 접질린 다리 끌며
길 헤매지는 않을까
칼리오페*의 그림자 지나치진 않았을까

이리 오래일 리 없는데 왜지? 왜지?
몸 기울여 귀 나발통 같이 열어도 뜬소문 같은 바람소리만 와 랑거리고 내 귀에만 들릴 말발굽소리 아직이다

오라
뮤즈의 음표들을 훔쳐오라
억년 바위의 침묵을 엿보고
빙원이 품은 바이칼 푸른 달빛에 영혼을 씻어
백설의 순결로 오라
죽어서라도 오라

내 기다림은

신들의 언덕에 선 만년 바람의 성이다
아이야 성문은 활짝 열어두거라 진부한 환대는 사양하리라
신전에 내리는 어둑살 너머
서풍이 말머리성운을 밀어올리고 있지 않느냐
저 홀로 광년의 트렉을 돌아올 신신한 나의
말씀이여 시詩여
푸른 갈기털 휘날리며 오시라

*시와 음악을 담당한 뮤즈.

격월간 『현대시학』 2021년 5~6월호

김추인

경상남도 함양에서 출생. 1986년 《현대시학》을 통해 등단. 시집으로 『온몸을 흔들어 넋을 깨우고』 등이 있음. 1991년 문예진흥원 창작지원금 수혜, 2011년 서울 문화재단 창작기금 수혜, 2010년 만해'님'문학상작품상 등을 수상.

무력의 텍스트

김학중(金鶴中)

어느 날 책갈피에 숨겨진 텍스트를 찾았지. 종이의 먼지에 입을 맞춘 누구에게도 도착하지 못한 입술의 텍스트. 아무 말도 적혀 있지 않은 단 하나의 입술. 숨은 시작이었지. 내가 입을 맞춘 건

시작이 건너와 숨겨진 춤을 입술에 풀어내는
아주 가는
가늘어 무력한 입맞춤의 소리.

그 소리 속에서 보았지. 사슬에 묶인 자들. 한 사람이며 여러 사람인. 어둠에 놓여 똑같은 피부가 된 사람들. 감시자의 눈을 피해 가끔 그들은 몸을 돌려 서로의 입을 맞추었지. 들키면 안 돼. 이건 우리의 이야기야. 우리의 시간이야. 입을 굳게 다문 채 입과 입으로 옮기던 이야기는 바닥에 가까워졌지. 바닥과 바닥에서 몸을 움직이는 소리와 입맞춤의 소리가 서로 가까워질수록 텍스트는 조용히 출렁이며 옮겨졌지. 누구의 이야기인지 몰라서 우리인 텍스트. 입으로 나누는 텍스트. 갑자기 누군가가 입 맞추는 사람을 보고 일으켜 세웠지. 그들은 강제로 입을 벌리고 텍스트를 찾았지만 아무 것도 찾지 못했어. 감시자들이 끌고 간 사람은 돌아오지 못했어. 입을 찢어 죽였다고 감시자들이 말하곤 했지만 그들은 계속 입을 맞추었지. 떠나간 이를 기억하는 울먹임이 입술에 주름을 깊게 했고 사슬은 바닥에 끌려 쇳소리를 냈지만 텍스트는 이어졌어. 들키면 안 돼. 그들의 텍스트는 그렇게 이어져 왔지. 자신들을 묶은 사슬이 늘 여기에 있었음을 기록하는 빈 텍스트의 입술. 입술로 이어온 사슬의 춤. 춤이 빚어낸 사람과 사

람. 사람의 텍스트. 너구나. 바닥에서 바닥으로 바닥의 소리로 여기까지 왔구나. 어디에도 가두어지지 않고 여기까지. 너라서

여기 와서 다시 시작이구나.
시작이 입술이라니.
나의 입술이 바닥에 가까워진다.

누가 여기에 이 텍스트를 두고 갔는지
도서관의 그 누구도 알지 못하겠지만
아무도 알지 못했기에 여기 다시 텍스트로 남겨질 것이다.
나는 나의 입술을 포개어 텍스트에 숨겨 두었다.
아무 것도 바꾸지 못하고 다만 도착하는 춤일 뿐이라도
텍스트는 숨겨진 채 이어져 가고 있다.

계간 『시현실』 2017년 가을호

김학중(金鶴中)

1977년 서울에서 출생. 2009년 《문학사상》 신인상으로 등단. 시집으로 『창세』, 청소년 시집 『포기를 모르는 잠수함』이 있음. 제18회 박인환문학상 수상.

무무와 모모에 관한 에피소드 2

김효은

    무무의 역할놀이
    오늘은 새로운 챕터
    결벽증 있는 신경정신과 의사를 연습한다
    무무는 혼자서 엘리베이터에 탔을 때
    손으로 버튼을 잘 누르지 못하고
    간단한 도구나 팔꿈치 소매를 사용한다
    진료실 문을 열고 출근을 하면
    손소독제부터 챙긴다
    캐비닛에는 여섯 벌의 가운이 요일에 맞춰
    드라이클리닝 되어 있다
    무무의 넥타이는 반듯하고 완벽한 역삼각형에 가깝다
    소매와 어깨의 주름은 팽팽한 현처럼 날카롭고
    카라와 소매깃은 자명하게 희고 각이 져있다
    무무는 감염병의 시대에
    모든 것이 완벽하다고 진단한다
    KF94 마스크와 페이스 쉴드 손소독제를
    그는 신체의 표피처럼 생각한다
    그 같은 장비들이 비로소 보편화되기 시작했으므로
    무무는 스스로의 결벽을 정상으로 여기며 위생 비닐 장갑을 끼고 자위한다
    모모는 무무의 환자이자 내담자이자 고객이다
    모모의 진단명은 우울증과 불안과 공황 발작과 무기력 등 이다
    모모는 온 집안을 쓰레기장으로
    뒤덮은 채 평소에는 꼼짝도 하지 않는다

이따금 쓰레기를 주워오기도 하지만
모모는 아무것도 버리지 못한다
모모는 일회용을 두려워 한다
모모는 한 번 쓴 마스크도 버리지 못한다
모모는 감염병에도 무관심하다
무무는 버려지기 전에 버린다
한 번 손이 탄 물건은
사람이라도 곧잘 싫증을 내고 관계를 끊는다
무무는 일회용이 편하고 버리는 것을 일상화 한다
무무의 계모는 수시로 바뀌었고
모모는 평생 엄마라는 존재가 없었다
무무는 미술작품 모으기에 취미가 있다
모모는 모델 아르바이트를 한 적이 있다
무무는 주로 예술가들과의 D.I.Y식 연애를 수집한다
섹스로 완성되는 사랑은 파일링 되고 폐기된다
무무에게 폐기는 보존의 숭고한 방식이다
모모는 수집되는 연애만 해왔다
모모는 사랑에 빠졌다고 생각하는 순간 폐기되었다
마지막 폐기 이후 은둔형 외톨이로 지내고 있지만
무무의 진료실에는 꾸준히 다닌다
모모는 무무를 신뢰하고
그것은 전이에 가까워질 예정이고
무무는 모모를 매뉴얼대로 성심껏 진료한다
자애롭지만 단호한 표정과 목소리로 상담을 해주고
무무 본인이 복용하여 임상실험을 완료한
신뢰 있는 약물만을 모모에게 처방한다
무무와 모모의 역할 놀이는 호환된다
오늘의 무무는 새로운 챕터
조울증이 있는 신경정신과 의사를 연습한다
무무와 모모는 서로를 이입하고 감시하고 모니터링한다

무무는 모모의 자살을 방지하거나 유예하기 위해 노력한다
무무는 거울을 보고 대사를 연습한다
무무와 모모가 만나면
서로의 줄을 고르고
연주는 시작된다
그렇게 완벽한 하모니가 시작되거나 완성된다

웹진 『시인광장』 2021년 9월호

김효은
목포에서 출생. 2004년 《광주일보》 신춘문예에 〈집에 관한 단상〉이 당선되어 등단. 2010년 계간 《시에》 평론 당선.

7월 28일

김희준[1994. 9. 10 ~ 2020. 7. 24]

  아니래 자기야 내 귀에 비가 살고 패랭이꽃과 구상나무가 자라는 게

  산타가 죽었다는 말을 들었어 그런 여름에 리키아로 떠나는 건 아니래

  아무렴 몸에 새긴 날짜와 패랭이꽃이 입체적이었다는 뜻이 아니라는 거지

  그러므로 허리 아래 사슴 문신에 새긴 녹각 있잖아 스스로를 찔러버리기도 한다는 말은 거짓이래

  밀가루를 반죽하던 단칸방이 물렁해졌어 모서리만 보이는 네가 버겁다는 건 같은 말일까

  단지 6개월 먼저 떠나온 곳이 너라거나 사라진 도시라거나 알고 싶은 게 아니었어 서로의 발톱을 깎아주다가 창밖으로 우리를 버리는 게 당연하다는 거지

  털모자와 양말을 신었던 건 모서리가 아파서라 해석해도 좋겠어 뾰족한 말을 주고받다가 웃기도 했던가

  그러니까 자기야 몸이 밀가루가 된다는 말 퍼진 햇살을 잡아둔 단칸방에 많은 어제가 살고 있다는 말이 아닌 거지

패랭이꽃이 그려진 식탁은 수제비를 먹기에 알맞은 곳 수제비를 먹으며 자기를 기다리는 일에 하루를 보내고 싶다는 말

어떤 말은 아니라고 할 때 이해되는 것이 있지 그럴 땐 달을 깎는 거야 창밖으로 서로를 던져버리는 거야

구상나무에 걸어둔 추상적인 부정문 말이야 샴쌍둥이의 생략은 얼마나 많은 걸 비워두고 있을까

어쨌거나 여름은 자기를 기다리는 일

아니래 자기야 트리에 무엇도 걸지 않는 게 좋겠어

웹진 『공정한 시인의 사회』 2019년 4월호

김희준[1994. 9. 10 ~ 2020. 7. 24]
1994년 경남 통영에서 출생. 2017년 《시인동네》를 통해 등단. 2020년 아르코 청년예술가 창작준비지원금 수혜. 유고시집 『언니의 나라에선 누구도 시들지 않기 때문.』(문학동네, 2020)와 유고산문집 『행성표류기』(난다, 2021)가 있음. 2020년 요절.

홍적기의 새들

나희덕

거대한 공룡은 사라졌지만
물고기와 새와 인간은 왜 살아남았는가
깃털을 잃어버린 새들은
왜 점점 날카로운 부리를 지니게 되는가
침엽수들은 얼마나 더 뾰족해질 것인가
메마른 가지에는 왜 가시가 돋아나기 시작하는가
새들은 왜 새벽부터 울고 있는가
어둠은 울음을 통해 무엇을 가져다주려 하는가
해를 삼킨 것은 누구인가
비닐이나 표류물들은 어디에 쌓이는가
새로운 빙하기는 언제 끝나는가
왜 얼음덩어리들뿐인가
까마귀는 어디 있는가 지빠귀는 어디 있는가
히드라는 지금도 자라고 있는가
하나가 잘려나가면
정말 두 개의 머리가 돋아나는가
잘려나간 머리에서는 얼마나 많은 피가 흘러나왔는가
얼마나 많은 피가 하수구로 흘러내렸는가
살육의 증거들은 왜 희미해지는가
하늘과 땅 사이에 휘몰아치던 바람은 고요해졌는가
돌멩이들은 왜 날아오르지 않는가
이 뱀들은 어디서 왔는가
죽은 새들은 어디로 갔는가
새들마저 다 죽으면 홍적기 다음에 무엇이 오는가

무크 『포에트리 슬램』 2019년 제5호

나희덕
1989년 《중앙일보》 신춘문예에 시 〈뿌리에게〉 당선되어 등단. 저서로는 시집 으로 『뿌리에게』 등과 산문집 『반통의 물』 등이 있음. 김수영문학상 등을 수상.

기억을 해동하다

류인서

네 첫 나비는 가을형 노랑나비, 한번은
감정형용사들의 무덤 같은 초겨울 수목원에서 그와 스쳤다
 그는 남은 꽃들에게 쉼 없이 말을 걸고 있었다 그가 지루한 관계중독자쯤으로 보였다

오늘은
교차로 정지선 위를 날고 있는 그,
팔이 없고 손이 없는 이 허공은
어디에 호주머니를 두어서 그를 길러왔나
그는 이곳 원주민 같기도 하고 이방인 같기도 하다
꽁꽁 얼려두었다가 방금 꺼내 해동한 불꽃이거나,

봉인이 약한 틈을 비집고 나온 낯선 고백이거나,
그가 내미는 질문지는 가볍고 조용한 단문이네

기실 그는 어떤 허공에도 갇혀있지 않았을 것이다

부드럽게 배역을 옮겨 사는 배우처럼
그는 바람 방향을 묻지 않고 흐른다
아직 음악이 안 끝났다고 말해주는 그의 몸짓만
공기 중에 떨림으로 남는다

계간 『동리목월』 2020년 겨울호

류인서
경북 영천에서 출생. 2001년 계간 《시와 시학》으로 등단. 시집으로 『그는 늘 왼쪽에 앉는다』(창작과비평, 2005) 등이 있음. 2009년 제6회 육사시문학상 등을 수상.

리 호문정영문혜연
박성현박용하 은
정박정대박진형비
춘서안나리 호문
정영문혜연박성현
박용하박은정박정
대박진형박춘서
안나리 호문정영문
혜연박성현박용하
박은정박정대박진

41
⋮
50

이번 역은 토끼역입니다

리 호

스피커 속으로 토끼 일곱 마리가 들어갔다
그제는 바람이 유리창을 뚫고 11층 침실로 들어왔다
어제는 코끼리가 현금지급기 속으로 들어갔다

〈이번 역은 토끼역입니다 승강장 사이 해변에 빠지지 않도록 조심하시기 바랍니다〉

날개 접은 갈매기들이 끼룩거리며 스피커 속에서 나왔다
배가 고플수록 코끼리는 비릿한 아카시아
아웃, 경주가 시작되었습니다 부부젤라 준비하셨나요 손가락 풀어주세요
살아남은 여섯 마리가 다시 스피커 속으로 들어갔다

〈다음 역은 가짜마스크 역입니다. 발 빠짐에 미리 유의하십시오〉

마스크 거슬러줘요
미세먼지로 미라를 만들어 콜라병에 넣었다 하늘에서 떨어진 부시맨의 후예
동동구름이 마스크를 팔고 달이 마스크를 사고 불타는 불량차가 마스크를 하고
미라를 먹고 소설을 쓰는 오로라는 투쟁중이라던데
말을 모아 피라미드를 만들었다고 가짜 뉴스를 뿌리는 동안
말이 많은 자가 죽었다_마스크 거슬러줘요 왜 하나가 부족해

요 검은색으로 줘요
 구멍 난 고무밑창으로 떨어진 귀가 들어왔다
 귀를 잃은 자가 죽었다_마스크 한쪽 끈이 떨어졌어요 바꿔줘요 검은색으로
 이제 타워크레인에서 내려와요 해고된 치약이 설탕 같아요
 콜라는 서비스에요 그냥 가져가요_검은색 마스크를 넣어놨어요 톡 쏘는 맛의 원조
 발 빠짐 주의하고 계신가요 전광판이 고장 났어요 다음 역은 귀를 세우시기를

 밸런타인데이 가설극장에 오신 걸 애도합니다
 〈이번 역은 가설극장 역입니다 크고 작은 초콜릿 준비하시길 바랍니다〉

 데이를 만들다가 돌에 걸려 초콜릿 밭에 도착했다 이름을 물었을 때 걸리버라 대답했다
 과음을 한 걸리버가 C를 O로 잘못 표기해 쫓겨나 이 마을 전체를 초콜릿으로 만들었지
 사람들의 손에 들린 초콜릿 이야기들 그날이 하필 2월 14일이었던 거지.
 가설극장 안에 모인 사람들은 하나씩 부족하거나 두 개씩 더 많은 퍼즐
 금화를 잃은 사람과 벽돌을 가진 사람들이 뒤섞여
 어느 것이 원래 내 것이었나 한참을 연기하다가 서로 부둥켜안고 애도를 하는 것인데
 처음 등장한 피에로는 버섯 모양의 모자를 쓰고 웃었고, 마지막 등장한 주술사는 벽돌 모양의 상자에서 비둘기를 빼냈지 원래 누구의 것이었을까
 데이는 계속 녹고 돌은 점점 작아져 넘어질 일 없는 초콜릿 밭이 사라졌다 데이를 포장해서 2월로 보냈다

우체국은 2월 내내 휴무입니다 걸리버, 즐겁게 애도하며 마지막 기차를 애용하세요

〈이번 역은 나도 모르게 늦게 떨어진 지구 역입니다. 연착하는 공 조심하세요〉

갓 지은 차진 밥처럼 맛있는 연착

[주문]
입천장에 뼈가 자라는 아이를 알고 있어요 (주인공 섭외 들어감)
게르만족의 후손이라 들었어요 (바퀴벌레 잔혹사 작가)
좋은 마을이니 염려 마세요 (매실농축액 농부)
새로운 것에 열광하는 도그마들 (검은 날개를 접으시오)
연착한 한 끼는 찌그러진 공이 먹었다
향수로 욕과 먼지를 터는 사이
어쩌다 무거운 날개가 생겨, 나도 모르게 땅으로 땅으로 떨어진 사이
앨버트로스를 꿈꾸는 각 없는, 날개 없는, 공 없는, 시간 없는, 꿈 없는, 있다를 잊은 사람들

〈우리 열차는 잠시 후 종착역인 토끼역에 도착하겠습니다. 잠에서 깨어나세요. 토끼가 아직 살아 있는 분들은 초콜릿을 먹어도 좋습니다.〉

계간 『문학의 오늘』 2021년 가을호

리 호

2014년 《실천문학》으로 등단. 시집으로 『기타와 바게트』가 있음. 제3회 오장환신인문학상 등을 수상.

넷플릭스

문정영

꽃을 꽃으로만 보던 절기가 지났다

계절이 꽃보다 더 선명하게 붉었다

그때 당신은 열리는 시기를 놓치고,

나는 떨어지는 얼굴을 놓쳤다

되돌려볼 수 있는 사랑은 흔한 인형 같아서

멀어진 뒤에는 새로운 채널에 가입해야 했다

언제든 볼 수 있는 당신은 귀하지 않았다

공유했던 두근거림이 채널 뒤의 풍경으로 사라져 갔다

나는 캄캄한 시간을 스크린에 띄우고

당신에 대한 기억을 하나씩 지우기로 했다

사랑을 자막처럼 읽는 시절이 왔다

눈에 잡히지 않은 오래전 사람처럼 자꾸 시간을 겉돌았다

나를 의자에 앉혀두고

당신은 생각에서 벗어난 생각을 보고 있었다

느슨해진 목소리가 사랑을 끝내고 있었다

툭 툭 우리는 같은 의자에서 서로 다른 장면을

몸 밖으로 밀어내는 중이었다

계간 『시산맥』 2021년 봄호

문정영
1997년 《월간문학》으로 등단. 시집으로 『더 이상 숨을 곳이 없다』 등이 있음. 한국문화예술위원회 아르코창작기금 3회 수혜.

아무도 모르고 누구나 아는

문혜연

오늘 밤은 공기에서 종이 냄새가 나요
나뭇잎들이 가장 예쁠 때
젖은 몸을 던지는

어떤 새의 발톱은
나무를 붙들기 위해서만 쓰인다던데

나무들은 대체 언제부터
밤의 세계에 발을 담그고 있었을까요
깊이도 무게도 알 수 없는
둥지 하나를 매단 채로

손목에 새를 새긴 아이는
밤새 손목이 두근거려서
밤을 없애기로 합니다
그러니까 이 밤을 마지막으로

밤이 사라진 세계에는
실수가 없고 꿈이 없어서
나무들이 하얗게 세어 버린다고

노인이 아이의 등을 쓸어줍니다
아이는 자신의 온 등으로
노인의 나무껍질 같은 손바닥을 느끼고

가끔 둥글고 뜨거운 것이 내려가고

새를 잃어버린 어른들은
숲에 말간 얼굴을 감춰요
나무는 점점 더 희고 맑고
순진무구한 표정으로

이곳은 흰 나무들의 숲
젖은 종이 냄새가 나요
훗날 발견될 글자들처럼

새를 주운 아이는
손안의 심장이 뛰는 리듬을 잊지 못합니다
지그시 눌러보면 두근거리는

돌아갈 밤이 없는 아이는
둥지를 더듬습니다 까치발로
새들의 둥근 어둠을 훔치고

흰 나무에 남은 줄무늬 같은
흔적만이 그 밤을 기억합니다
노인은 자기 손바닥을 쓸어보며
작은 등 하나를 기억하고요

아이가 사라진 세계는
붙잡혀본 적 없는 손목들만 남아서
긴 소매 속으로 자라나는 어둠

낮과 낮과 낮의 사이로
문득 겨울이 옵니다

떠나거나 떠나지 않거나 그렇게
때를 놓친 새들은 살아가는데

웹진 『문장』 2020년 12월호

 **문혜연**
1992년 제주에서 출생. 2019년 《조선일보》 신춘문예 시 부문에 당선되어 등단.

종이인간

박성현

연필이 뭉툭해질 때까지
나는 공장과 굴뚝과 철조망을 그렸다
사람들이 웃으며 연기 속을 반복해서 지나갔다
봄과 겨울이 지나고 매일 코스모스가
피었다 나는 쉽게 찢어졌지만

나는 매일 새로 연필을 깎고 공장을 그렸다 자욱한 굴뚝 연기를 헤집고 새가 날았다 사람들은 웃으며 코스모스를 바라봤다 공장의 봄과 공장의 여름이 지나가고 공장의 폭설이 내려 쌓였다 새로 깎은 연필이 뭉툭해질 때까지 끈질기게 당신이 찾아왔다 나는 매일 쉽게

찢어졌다 공장에 코스모스가 피었다 코스모스가 피어서 공장이 환했다 환한 코스모스 위로 눈이 쏟아졌다 눈은 까닭 없이 멀고 따뜻했다 나는 근시에다 지독한 야맹증 환자라 저녁이 되면 걸을 수조차 없었지만 코스모스를 보기 위해 매일 서둘러 공장에 갔다 걸을 때마다 나의 눈과 코와 귀는 코스모스를 닮아갔다 나도 모르는 내 의지였다 이주민 노동자들이 밤새 프레스를 눌러야 하는 이유도 코스모스가 피고 흔들리는 의지였다 코스모스를 볼 때마다 나는 내 몸속에서 새를 꺼냈다* 새는 날개를 펴고 바다 끝까지 날아갔다 노동자들이 새벽 근무를 마치고 공장을 나왔다 물끄러미 코스모스를 쳐다봤다 몽골과 파키스탄, 네팔과 예멘까지 지도에도 없는 고향이 환했다 지도에는 없지만 새는 반드시 날아갔다 밤새 당신을 뒤척이고도 다음날 일찍 공장에 갔다 연필

이 뭉툭해질 때까지

나는 쉽게 찢어졌다

* 문정희 시인의 문장. "내 몸속의 새를 꺼내주세요"

계간 『시산맥』 2019년 여름호 발표

박성현
문학박사. 2009년 《중앙일보》 신인문학상을 통해 등단. 시집으로 『유쾌한 회전목마의 서랍』이 있음. 2013년 서울문화재단 창작기금 수혜. 2019년 한국시인협회 젊은시인상 수상.

'나'라는 슬픔

박용하

주문한 시집이 오기를 기다리는 마음으로 지낸다
개의 다친 앞다리가 아물기를 기다리며 지낸다
하루하루는 유일무이한 하루하루
어떤 하루도 대체 불가의 일생 같은 하루여서
가버리면 다시 돌아오지 않는다

평범한 하루여도
저녁엔 저녁의 마음이 있고 아침엔 아침의 몸가짐이 있다

누구나 살러 왔건만 잠시도 쉬지 않고 죽어간다
누군가는 벌써 유일한 시간이 되었고
눈빛은 순환하지 않는다
비슷해 보일지라도 세상에 똑같은 이파리는 없고
사람은 누구나 한 사람이다

눈물의 종류를 보면서
인간의 눈물을 경멸한 적이 있다
저렇게도 우는 구나
저렇게 우는 척을 할 수도 있구나 싶어서다
집단 눈물 쇼도 가능하구나 싶어서다

도서관에 가면 세상이 책 읽는 사람들로 이루어진 것 같고
술집에 가면 세상이 술 먹는 사람들로 이루어진 것 같고
병원에 가면 세상이 아픈 사람들로 이루어진 것 같다

절판된 시집이 복간되기를 기다리는 마음으로 지낸다
절단 난 인간관계가 회복 불가인 채 지낸다
잎을 무너뜨리는 십일월의 나무와 함께
유리창에 부딪혀 죽어가는 새의 감기는 눈을 지켜보며 지낸다
그대, 얼마 남지 않았구나
해줄 수 있는 게 없구나

'나'라는 슬픔 바깥으로 나가 보고 싶어서
나를 데리고 간 곳은 '너'라는 낭떠러지
'너'라는 비행기
'너'라는 행성
거기서 인간의 종류가 각양각색이라는 걸 알게 된다

내 밖으로 걸어 나간 눈물처럼
내 피부를 뚫고 들어와 내가 되었던 어느 날의 네 눈물처럼
나를 데리고 나 아닌 곳에 도착한다
먼 이곳에

계간 『서정시학』 2020년 봄호

박용하
1989년 《문예중앙》으로 등단. 시집으로 『나무들은 폭포처럼 타오른다』 등이 있음.

구球

박은정

   이곳은 미세먼지가 나쁨인 초여름의 빌라 안. 너와 나의 거리는 언제나 일정하게 움직인다. 누군가 다가서면 누군가는 멀어지듯이, 너는 구를 그린다. 구는 찢어진 볼처럼 붉다. 붉은 구는 꼭 붉지만은 않아서 검고 푸른빛으로 보이기도 한다. 그 속에는 마주앉은 우리가 있다. 그곳을 제2의 행성이라고 하자. 대기로만 이루어진 행성, 사람들의 눈빛으로만 이루어진 행성이라 하자. 이곳에서는 따분한 연습 없이 상상한 것들을 그릴 수 있다. 구는 0이 되고 공간이 되고 유희가 되고 슬픔이 된다. 거울이 되었다가 묘비명이 되었다가 밑동이 되었다가 낯선 비밀로 돌변하기도 한다. 너는 구를 본다. 시시때때로 실눈을 뜨고 하품을 하는, 너는 왼손잡이다. 아직 궁금한 것이 많은 나이이다. 이것은 구이지만 구가 아니다. 이것은 우리지만 우리를 빙자한 구이다. 처마 밑에서 비둘기들이 날갯짓을 하는 동안, 낡은 선풍기가 거실에서 돌아가는 동안, 너는 손발을 늘여 그림자를 채워 넣는다. 작은 네 손이 연필을 쥐고 빛을 지우면 검고 심약한 구는 잃어버린 어제처럼 굴러간다. 구는 당돌하고 구는 시시각각 달라진다. 달라지는 빛 속에서 우리는 어지럽다. 당장이라도 저 끝으로 사라질 것처럼 무모하다. 끝없이 가속페달을 밟는 기분으로, 사막이 출몰하고 태풍이 몰아치는 이 행성을 질주한다. 망쳐질 것들은 이미 망쳐진 세계, 입구와 출구를 찾을 수 없어 서로를 껴안고 숨죽일 수밖에 없는, 이곳은 이름 모를 행성이고 우리는 뿌연 대기 안에서 저녁밥을 먹을 것이다. 집 잃은 고양이를 품에 안고 잠이 들 때까지, 어디부터 그려야 할지 어디서부터 지워야 할지 알 수 없지만, 여기 가장 둥근 빛 하나가 책상 위에 있다.

계간 『황해문화』 2019년 여름호

박은정
1975년 부산에서 출생. 2011년 《시인세계》 신인상으로 등단. 시집으로 『아무도 모르게 어른이 되어』(문학동네, 2015) 등이 있음.

어떤 저항의 멜랑콜리
— 프렌치 얼 그레이 백작에게

박정대

오늘은 날이 흐려 저녁이 너무 일찍 찾아 왔다

낡은 녹색의자에 기대어 앉아 세상의 모든 음악을 듣는다

창가의 산국화 바람에 흔들리는 저녁

말안장 위에 작은 등불을 밝히고 오랜 동무가 써 보낸 글을 읽노라면 조금씩 어두워지다 다시 화안하게 밝아지는 저녁

그대는 잘 있는지

난 하루에 밥은 한끼

산책하고 글 쓰고 가끔 책을 읽기도 해

요즘은 해 질 녘도 좋고 동 틀 무렵도 좋더라

밤새 꼼지락거리다 맞이하는 아침의 햇살과 바람, 그런 게 밤과 낮을 이루는 소립자가 되어야 하는 건 아닐까

그런 게 삶과 시의 본질적 성분이 되어야 하는 건 아닐까

물리적 고립이 형성하는 공간, 감정의 고독을 유지하기 위한 시간의 사용, 그런 걸 나는 저항의 멜랑콜리라 부른다

공간이 만들어낸 무한의 고독이라 부른다

이런 생각들과 더불어 오는 아침의 맑은 공기와 풍경들이 나는 좋다

아침이 오면 숲 속으로 펼쳐진 오솔길을 따라 천천히 걷는다

걸을 때마다 발밑에서 돋아나는 풀잎과 작은 돌멩이의 행성들

이런 걸 나는 아름다운 감정의 무한, 저항의 멜랑콜리라 부르고 싶어지는 거다

그럴 때면 저 멀리 두고 온 세상을 향해 이렇게 한 마디하고 싶어지는 거다

그러니, 세계여 닥쳐!

희미한 옛 사랑의 그림자가 보내준 프렌치 얼 그레이 차를 한 동안 뜯어보지도 않은 채 선반에 놓아두었다

바람이 불 때마다 가볍게 먼지처럼 흩어지며 겨우 존재하는 세계여

한 마리의 추억이 구름처럼 이동하고 다시 허공에 봉인되는 백년 동안의 고독 속에서

옛 사랑 같은 건 옛날에나 있었고 옛날은 아직, 여전히, 오지

않은 날들이었나니

이 세상의 모든 사랑은 끝내 옛 사랑으로 남으리라

선반에서 얼 그레이 차를 꺼내보는 저녁이다

찻잔 속에서 맑은 눈동자 하나 돋아나 얼 그레이 얼 그레이, 초저녁 별빛처럼 어른거리며 번지는데

늦은 저녁 속으로는 하염없이 비가 내려 세상의 모든 음악은 비에 젖고 있다

저녁연기처럼 피어올라 컹컹컹 소리를 내며 허공으로 흩어지는 순한 짐승의 울음소리여

세상의 모든 음악은 끝나고 세상의 모든 삶이 다시 시작되는 이 시각에도

누군가는 밤새 등불 곁에 앉아 책을 읽고

누군가는 밤새 리스본의 타호 강변을 서성거리고

누군가는 밤새 담배 한 대 피워 물고 고요히 삶을 횡단하느니

뜨거웠다 식어가는 한 잔의 프렌치 얼 그레이 차를 마시며 아직 오지 않은 추억이 하염없이 창밖의 생을 바라보는 저녁이다

그토록 오랫동안 삶을 꿈꾸던 자가 처음으로, 처음으로 바라보는 낯선 저녁이다

세상의 모든 저녁이다

웹진 『시인광장』 2021년 10월호

박정대
1965년 강원도 정선에서 태어나 1990년 《문학사상》으로 등단. 시집으로 『단편들』 등이 있음. 2004년 제19회 소월시 문학상 대상 등을 수상.

돌 아래 잠드는 시간

박진형

떠나보낸 말이 비탈에서 웅성거린다
석판에 새긴 상형문자가 빗물을 핥으면
빗방울은 눈물을 닮아 쐐기돌에 짠맛을 더한다
잊어버린 얼굴이 썩지 않는 그림자로 어룽거린다

비에 젖은 돌머리가 웃자라 잿빛으로 물든다

등에 박힌 돌무늬 메아리가
향기 없는 엇박자로 불협화음을 피운다
꺾여도 수액이 흐르지 않는 화석이 된 꽃의 얼굴
돌에 난 흉터는 누구의 비명이었을까

꿀벌 소리를 내는 이끼가 돌칼의 흔적을 지운다
미래 없는 과거가 현재를 무한 복제하듯
기둥으로 선 돌들이 서로를 열없이 바라본다
서로 말을 건네는 일 없어도
묵직한 음계를 타고 하늘로 오를 날을 기다린다

모든 것이 가능하지만 꿈을 꾸는 것은 금기라던가
표정 없는 석물이 허기를 숨긴다
빗물이 넓적한 돌을 쓰다듬으면
어슬렁거리는 공복을 달랠 수 있을까

가슴을 휘감는 침묵이 바윗돌을 맴돌며

왜 여기 서 있는지 묻는다

돌 아래 잠긴 시간이 텅 빈 무덤을 삼킨 채 잠들어 있다

무크 『시에티카』 2020년 상반기호

박진형
2016년 《시에》로 시부문 등단. 2019년 《국제신문》 신춘문예 시조 당선.

식물의 위쪽 상부

박춘석

 특별히 선약은 없습니다 가을은 가을답게 가득차서 우주의 크기를, 그 한계치를 보여 주었습니다 가을은 가을답게 가지치기를 잘 하는 가위를 가졌습니다

 당신이 내게 주려던 커피는 공기 속에서 오늘은 꺼내지 마시고 커피라는 이름도 붙이지 마십시오 나의 오늘은 고이 잠드는 침대와 같은 곳에 있습니다 커피향기도 끓는 물도 발생되기 이전으로 두십시오 나는 여기 겨울 속에 씨앗으로 있습니다 당신이 주겠다는 커피를 마시러갈 몸이 없습니다 나의 식물은 겨울이 공기 속에 감금하여 잠재우는 중입니다 나의 사람은 겨울침대에 눕혀두고 봄을 기다립니다 내가 얼마나 자라지 못하는 식물인가는 가지런히 놓인 신발이 말해주고 있습니다 신발은 좋은 화분도 거름도 되어주지 못했습니다 신발을 신지 못하여 아침에서 저녁까지도 못가고 있습니다 그러므로 나는 지금 없습니다 어제도 식물을 기다렸습니다 오늘도 식물을 기다립니다 식물이 자라오지 않는 동안 사라진 것에 대해 투명한 것에 대해 골똘히 생각합니다 나는 여기 겨울침대에 누워 있습니다

 가을은 잎만 떨어뜨리는 정교한 가위를 가졌습니다 저 나뭇가지는 우주의 크기보다 더 크고 했나봅니다 정교하게 잘려나간 자리에 다시 가지가 자라오면 그때 팔랑팔랑 가겠습니다 그때 공기 속에서 커피라는 이름을 호명하며 꺼내주십시오 마침 나도 팔랑팔랑 도착하겠습니다

자유가 어떤 곳에 도착하는 식물이라면 미래가 식물의 위쪽 상부에 있다면 나의 식물은 아직 투명한 곳에서 자라오고 있습니다 당신은 없는 나에게 '혹시 시간 있느냐'고 물으셨습니다

무크지 『그림나무 시』 2018년 겨울

박춘석
경북 안동에서 출생. 2002년 《시안》을 통해 등단. 시집으로 『나는 누구십니까?』(시안, 2012) 등이 있음..

모래의 시간

서안나(徐安那)

잠시 모래가 되겠습니다

모래 의자에 앉아 모래 모자를 쓰고 모래 연필로 모래의 시를 쓰겠습니다

이것은 몰락의 서두입니다 모래를 움켜쥐면 나만 남습니다 모래는 아름다운 배반입니다 무너지는 유령입니다 부서져 시작됩니다

모래는 혼자 남는 노래입니다 부서진 문자로 가득합니다 모래를 만지면 따뜻합니다 누군가 다녀간 모양입니다 지워도 남습니다 지워도 남는 것은 운명이라 생각하십시오 한 생이 아픕니다

여자가 무너져 모래가 되고 모래가 무너져 말할 수 없는 무엇이 됩니다 당신이 공터가 되는 이치입니다
지워지는 상심은 아름답습니다 모래는 나를 붙잡는 손입니다 홀수에 가깝습니다 모래의 고요가 활활 타오르는 저녁입니다
모래 의자에 앉아 모래 가면을 쓰고 모래 수첩에 모래의 시를 적습니다

죽은 자들이 손을 내밉니다

모래가 다시 시작됩니다

계간 『시와 반시』 2019년 겨울호

서안나(徐安那)
1990년 《문학과 비평》 겨울호로 등단. 저서로는 시집으로 『푸른 수첩을 찢다』 등과 평론집 『현대시와 속도의 사유』이 있음.

서영처 성향숙 송종규
신용목 신철규 안차애
여성민 오은 국우원호
유미애 서영처 성향숙
송종규 신용목 신철규
안차애 여성민 오정록
우원호 유미애 서영처
성향숙 송종규 신용목
신철규 안차애 여성민
오은 국우원호 유미애

서영처 성향숙 송종규
신용목 신철규 안차애
여성민 오정국
우원호 유미애
서영처 성향숙
송종규 신용목
신철규 안차애
여성민 오정국
우원호 유미애 서영처
성향숙 송종규 신용목

51
⋮
↓
60

장미의 세계

서영처

배고프다고 울어대는 장미
울 때마다 송이송이 향기를 뿜어내는 장미
갓 태어난 장미에게 우유를 먹이는 동안
허벅지를 찍고 등으로 기어올라 잠 속을 기웃거리는 장미
내가 그의 이름을 불러주었을 때
장미는 혀를 내밀어 내 눈물을 핥았다
가시 돋힌 팔을 뻗어 얼굴을 어루만졌다
골똘한 생각에 잠긴 골목을 지나 다시 생의 여름이 온다고
자꾸만 옆구리로 터져나오는 꽃들
야옹, 울 때마다 장미가 피어난다
생선을 발라먹고 가시를 토해내는 장미
어두운 그림자를 몰아내는 장미

끝없는 갈림길이 있는 정원에서
계속 오른쪽 길을 선택했다
나무 한 그루 새 한 마리 울지 않는 황량한 세계에 닿았다
가이포크스 가면을 쓰고 나타나 가시 돋친 말을 뱉어내는 장미
입안에서 벌떼가 쏟아져 나온다
그 많은 눈시울 위로 타오르는 장미
그 많은 눈시울 아래로 잠드는 무덤
기억의 지층 아래 묻힌 쓰레기를 파내 장미를 접는다
악취를 풍기는 장미
담벼락마다 장미가 피어오른다
돌연 줄을 풀고 햇살 속으로 사라지는

해마다 넌출넌출 새끼들을 물고 오는 장미, 망각의 장미

월간 『현대시』 2020년 8월호

서영처
경북 영천에서 출생. 2003년 계간 《문학 . 판》에 〈돌멩이에 날개가 달려있다〉 외 5편의 시를 발표하며 등단. 저서로는 시집으로 『피아노 악어』(열림원, 2006) 등과 산문집 『지금은 클래식을 들을 시간』 등이 있음.

빛과 물질에 관한 이론*

성향숙

햇빛 받으면 더 빨개지는 가을이다

전화하기 전 변명을 구상하지
갑자기 사랑이 찾아왔어
목소리가 상했어 사랑은 감기 같은 거야
구차하지 않은 변명은 없다지만
산이 너무 다정해 못가겠어

단풍잎 몇 개 사진 찍어 보관함에 넣는다
상자 안에서 더 붉어질 궁리를 하겠지
붉음 이후에는 무엇이 오는지
숨죽이며 몸을 비틀다 산산이 바스러지겠지

두 팔 벌려 나무처럼 바람 냄새를 맡는다
빛을 끌어당기면 선명해질
단풍처럼 살아보겠다고 생각하니
하루 종일 붉은 말들이 쏟아졌어
계단을 오르며 단풍나무 한그루 뒤뚱뒤뚱

나를 나이게 하는 궁색한 언어들
나무를 나무이게 하는 화려한 빛살들
물질을 물질이게 하는 빛의 투영

꾹꾹 눌러 담은 비밀처럼 산이 붉어지고 있다

그곳에 가지 않아도 붉음은 자란다
나의 변명이 붉어진다

* 앤드루 포터 소설

계간 『시와 반시』 2020년 봄호

성향숙
경기도 화성에서 출생. 2008년 《시와 반시》에 〈그랜드파더 클락 세븐맨〉외 4편으로 등단. 시집으로 『엄마, 엄마들』 등이 있음.

히야신스

송종규

그러므로 모든 서사는 안락하다
그럼에도 불구하고 어떤 서사도 안전하지 않다
모든 부류의 사물은 결국 서사로 이루어져 있지만
사람의 생애 역시 서사 아닌 것이 없다
그것은 실타래처럼 얽혀있거나 뜨거운 웅덩이처럼
함몰되어 있기도 하다
만약 당신이 히야신스나 한 사람의 생애에 대해
기술하길 원한다면
꽃이나 사람의 생애는 곧, 왜곡되거나 과장되어 진다
당신의 문장은 날렵하거나 기발하기도 하지만
당신이 만약 시인이라면
어떤 대상에 대해서 함부로 발설하려하지 말 것,
그 남자의 구부정한 등이 한권의 서사인 것처럼
훌쩍거리며 국물 마시는 당신도 결국 한 권의 서사이다
젖은 길바닥에 버려진 우산이나 페트병도 알고 보면
글씨들 빼곡한 한 권의 책

히야신스는 눈물처럼 맑은 문장이다
구름이 느리게 한 생애의 머리 위로 지나간다

계간 『애지』 2021년 봄호

송종규
경북 안동에서 출생. 1989년 《심상》 신인상을 통해 등단. 시집으로 『그대에게 가는 길처럼』 등이 있음. 2017년 제10회 웹진 『시인광장』 선정 올해의좋은시 상 등을 수상.

유령 비

신용목(愼鏞穆)

  초인종을 누르고 상자를 남기고 그는 내가 문을 열기도 전에 사라진다

  상자에는 내가 읽기도 전에 사라지는 메모가
적혀 있다.

  어둠은 담고 싶지 않았습니다 그러나 어쩔 수 없이 또 어둠이 담겨 가겠지요 상자를 열면 순식간에 신발장 뒤나 싱크대 밑으로 숨어버릴 겁니다
  어느 날 수돗물 속에서 그들의 눈동자가 그림자처럼 스치더라도 부디 젖지 마시길……

  창문 너머로 비가 떨어져 죽고 있다

  물이 되고 있다

  상자를 들이며 나는 상자가 어둠의 외투라고 생각하지 않기로 했다 집 나온 어둠이 상자를 껴입고
  젖은 손가락으로 가리킨 곳이 여기라고,
  생각하면

  나는 불도 켜지 못하고

  내가 비를 보고 있다는 사실을 영영 믿지 못할 것이다 색깔도

형체도 없는 그것이 눈앞에 나타난다는 것

어쩌면 우리가 본 것은 빗소리이거나
비라는 말,
아아 오오 입을 벌리고
더 깊은 몸속으로 사라지는 어둠을 끄집어내려고 말을 하고 말을 하고……
갑자기 침묵이 흐를 것이다

어쩌면 내가 들은 것은…… 내가 밟고 선 내 그림자의 비명이거나 비명의 파란 눈,
우리의 이야기처럼 길게 쏟아지는 수돗물을 멍하니 쳐다보는 밤과 초인종 소리를 얇게 펴낸 것처럼 아침이 지나간다

한번 개봉한 상자는 다시 닫지 마십시오

문을 열고 기다린다 보이지 않는 상자를 내려놓은 그가 상자 속으로 들어가는 것을 지켜본다

반년간 『포에트리 슬램』 2020년 상반기호

신용목(愼鏞穆)
2000년 《작가세계》 신인상으로 작품활동 시작. 시집으로 『아무 날의 도시』 등이 있음. 백석문학상 등을 수상.

갇힌 사람

신철규

두터운 유리판을 사이에 두고
두 사람이 서로를 갇힌 사람이라고 부른다.
넌 갇힌 사람이야.

흰 돌과 검은 돌이 들어 있는 주머니가 있다.
꺼낼 때마다 검은 돌이었다.
흰 돌이 나올 때까지 멈출 수가 없다.

내가 가지 않은 곳에 나는 있었고
내가 말할 수 없는 곳에 나는 있었다.
나는 사람이었고 사람이 아니다.

머릿속에 물이 가득 찬 것처럼 조금만 고개를 기울여도 휘청거렸다.
한번 떠오른 것은 가라앉지 않았다.
썩고 나서야 떠오르는 것이 있다.

흐린 물속에 잠겨 있는 틀니 같은 그믐달.
새 한 마리가 밤하늘을 바느질하며 나아간다.
점선처럼 툭툭 끊기며

내뱉을 수 없는 말들이 입술에 가득 묻어 있었다.
거울 앞에서 입술을 뜯어냈다.

심장을 손아귀에 넣고 꽉 쥐고 있는 손이 있다.

천장에 붙어 있는 풍선들.
실을 꼬리처럼 매달고
천창을 뚫고 나가지 못해 안달이 난 것들.

나는 네 앞에 서 있다.
잿빛 장미를 들고

월간 『현대문학』 2021년 2월호

신철규
1980년 경남 거창 고제에서 출생. 2011년 《조선일보》 신춘문예 당선되어 등단. 시집으로 『지구만큼 슬펐다고 한다』(문학동네, 2017)가 있음.

초록을 엄마라고 부를 때

안차애

초록초록한 것들을 보면 엄마라고 부르고 싶다

초록은 뜯어먹고 싶고
초록은 부비부비 입 맞추고 싶고
초록은 바람과 그늘을 불러 모으고,

슈펭글러(Spengler, Ostwald)는 초록을 가톨릭의 색이라고 했으니, 마리아
엄마, 눈물과 머리카락으로 다시 발을 씻어주세요

초록은 도착하자마자 휘발하기 시작하고
어느새 모르는 색상표가 나를 둘러싼다

어떤 색을 흐느꼈던 감각은 남고 지문은 사라졌으니
초록의 냄새 초록의 데시벨 초록의,
젖가슴을 찾아주세요

물색이 번지면 뒷걸음질 치는 초록의 불안
기억이 오류를 견디듯 본색은 제 무게가 힘겨웠을까
다가가면 벌써 흐려지거나 독해지는 초록이라는 기호

묽어지는 색처럼 증발하는 중인가요, 마리아
바닥이 없는 아래로 떨어지는 중인가요

초록이 빠진 것뿐인데
모든 색들이 무너지고 있잖아
초록이 빠진 구멍이 엄마 엄마 부르며
쫓아오고 있잖아
감춘 입들을 쏟아내며, 내내

계간 『시와 사상』 2021년 봄호

안차애
1960년 부산에서 출생. 2002년 《부산일보》 신춘문예 당선. 시집으로 『치명적 그늘』 등이 있음. 문예진흥기금 및 경기문화재단기금 등을 수혜.

057

태엽

여성민

인간이 첫 잠에서 깨어난 이후 천사는 꿈의 태엽으로 잠을 감았습니다.

수만 번 꿈을 감았지.
이런 사람들은 쉽게 망가집니다.

우리가 잠에서 만난 낯선 사람들은 시계수리공입니다. 그 사실을 알고 난 후 나는 꿈속에서 자주 도망칩니다.

그들은 공구를 들고. 태엽을 고치고. 날개를 뜯어내고. 잠이라는 태엽 통을 달았습니다. 꿈은 잠을 되돌리고. 인간의 시간을 되돌리고. 인간은 계속 인간입니다.

어떤 잠도 몸에 넣지 말고. 꿈결 같다 하지 말고.

나는 마지막 꿈에 이렇게 적었습니다. 이걸로는 부족할까요. 내 잠을 방문한 사람들이 경고를 들을까요. 공구를 쥔 듯 주먹을 쥐고 태어나는 비밀. 야경 너무 예쁘다.

말하다 잠든 사람들.
다시 잠든 사람들의

증명사진처럼 밤이 옵니다. 무엇을 증명할까요. 두 손에 공구를 쥐고. 천사의 두 눈에 공구를 박고. 잠이 오는 방향으로 크게 감았습니다.

웹진 『시인광장』 2021년 3월호

여성민
충남 서천에서 출생. 2010년 《세계의 문학》 신인상에 소설이 당선되어 등단. 2012년 《서울신문》 신춘문예 시 당선. 저서로는 시집으로 『에로틱한 찰리』(문학동네, 2015)와 구약 내러티브를 해석한 책 『돋보기로 보는 룻기』 등이 있음.

살청 殺靑

오정국

이 문장은
팽팽하던 힘을 스스로 파멸시킨 흔적

길바닥에 떨어진
밧줄이거나
땡볕 끝에 쏟아진 소낙비 같다

몇 줄 더 뭉갰다면
어금니로 끊어냈다면
칼이나 돌, 시(詩)가 될 뻔 했는데

낙뢰 맞은 나무마냥 벌판에 서 있다
전율과 폐허를 한꺼번에 겪은 듯

아무 일도 아닌 듯
아무 일도 아니게

우듬지로 올라가는 물길을 끊고
우듬지에서 내려오는 푸른빛을 삼켜버린
옹이들, 검은 상처의 혹 덩어리 같은데

나는 언제나
내게로 되돌아온 발걸음이었다
찬 서리 내리고

여름 한철 잎사귀를 털어낸
나무들, 상징의 간격이 뚜렷해졌다 붉은 열매는
더 붉게, 검은 씨앗은 더 검게

계간 『시와 함께』 2020년 여름호

오정국
1988년 《현대문학》으로 등단. 저서로는 시집 『저녁이면 블랙홀 속으로』 등과 시론집 『현대시 창작시론-보들레르에서 네루다까지』 등이 있음. 제12회 지훈문학상 등을 수상.

백두산白頭山 20
— 쌍무지개봉

우원호(禹原浩)

여기가 지상의 세계인가?
여기가 천상의 세계인가?

백두산의 천지天池와 연해 있는
해발 2,626미터의 산봉우리,

쌍무지개봉!

백두산의 천지 물가에 흔히 비끼는
쌍무지개 한쪽 다리가 이 봉우리에 걸린다고 하여
그리 불리우는
저기 저

쌍무지개봉!

햇빛이 물기를 만나서 만들어내는
이 세상에서 가장 아름다운 빛깔

무지개!

모든 사람에게 희망과 행운을

상징하는

쌍무지개!

빛이 두 번 굴절하고 다시
반사하며 생겨나는

쌍무지개!

안쪽이 빨간색이고 바깥쪽이 보라색인
1차 무지개와
바깥쪽이 빨간색이고 안쪽이 보라색인
2차 무지개의

쌍무지개!

유달리도 화려하고 밝은 빛을 띠는 수무지개
아주 엷으면서 흐린 빛을 띠는 암무지개

두 개의 무지개가 사랑하는 연인처럼 만나는

쌍무지개!

백두산의 천지 물가에 흔히 비끼는
쌍무지개 한쪽 다리가 이 봉우리에 걸린다고 하여
그리 불리우는
저기 저

쌍무지개봉!

여기가 지상의 세계인가?
여기가 천상의 세계인가?
보면 볼수록 너무나도 아름답네
보면 볼수록 너무나도 경이롭네

보면 볼수록 너무나도 아름답네
보면 볼수록 너무나도 신비롭네

계간 『미소문학』 2021년 가을호

우원호(禹原浩)
1954년 서울에서 출생. 2001년 월간 《문학21》 시부문 신인작품상에 당선. 시집으로 『도시 속의 마네킹들』 등이 있음. 시인광장 편집주간 역임. 현재 웹진 『시인광장』 발행인 겸 편집인과 도서출판 시인광장 대표. 월간 『모던포엠』 영역시 연재 중.

연필의 밤

유미애

그 손에 잡히기 전까지 바다는 내게 없던 말이다

나를 깨운 그는 또 다른 상자 속의 사람
아침이면 우리는 연둣빛이 다녀간 종아리를 긁었다
밤새 모서리가 쏟아놓은 얼룩덜룩한 비명들
나는 한 번도 바다를 본 적 없지만
출렁이는 무늬를 감춘 그의 등이 바다의 색일 거라 믿었다

나지막해지는 자신이 그는 좋다고 했다
깎이고 부러지는 데는 이력이 났다 했다
나는 매일, 화석이 된 그의 눈물을 캐내어
싱싱한 이파리들을 베꼈다
돛배와 등대를 그리고, 그가 놓친 여우를 기다렸다

그림자를 한껏 젖힌 나팔수 뒤로
복사꽃 그늘을 풀어헤치듯 앳된 여자가 웃었다

그림이 완성될 때마다 내 시간도 한 겹씩 벗겨졌지만
핏자국 선명해지도록 나를 벗겨냈다

마침내, 숲 한 채가 송두리째 뽑혀왔을 때
그믐달처럼 휘어진 그를 배에 실어 보냈다

바다의 램프를 끄고 그의 상자에 못질을 했다

들키고 싶지 않았다
그가 바로 나였다는 걸
일생동안,
발가벗겨진 채로 울고 있었다는 것을

계간 『애지』 2021년 여름호

유미애
경북 문경에서 출생. 2004년 《시인세계》 신인상 수상작 〈고강동의 태양〉을 통해 등단. 시집으로 『손톱』(문학세계사, 2010) 등이 있음. 2019년 풀꽃문학상 젊은시인상 수상.

윤의섭이계섭이대
흠이 령이문희이영
춘이은규이재연이
혜미전영관윤의섭
이계섭이대흠이 령
이문희이영춘이은
규이재연이혜미전
영관윤의섭이계섭
이대흠이 령이문희
이영춘이은규이지

연이혜미전영관윤
의섭이계섭이대흠
이 령이문희
이영춘이은
규이재연이
혜미전영관
윤의섭이계
섭이대흠이
령이문희이영춘이
으규이재연이혜미

61
⋮
70

그 후

윤의섭

오늘 아침은 깨진 조각 나는 파편에서 눈을 떴다
편린의 날이란 떨어진 꽃잎처럼 빠르게 시드는 것이다
창문은 빛나지 않았고 마찬가지로 기억은 죽었다
이 조각은 완벽한 난파선이거나 소행성이다 흘러갈 뿐
달력에는 아무런 표시가 없다
어떤 약병에 적힌 유효기간은 알 수 없는 연대였다
누가 부르는 줄 알았는데 바람 소리였다 나는 외로워진 것이다
아침을 맞이하는 나의 형식은 장례식과 같다
떠나보내고 산 자의 시간을 살아가는 제의
여전히 흐리다 나는 태양을 알고 있는 것이지만
이 조각은 장구한 상실이다 결코 되돌릴 수 없는
마모와 퇴화로 나는 희미해진다
밀린 빨래를 하고 아침밥은 거르고
외출을 시도해야지
거리는 익숙할 것이고 누군가에겐 인사를 건넬 수도 있겠지
오늘 아침이 처음은 아닌 것도 같고

웹진 『시인광장』 2020년 12월호

윤의섭
1968년 경기도 시흥에서 출생. 1992년 《경인일보》 신춘문예와 1994년 《문학과 사회》를 통해 등단. 시집으로 『말괄량이 삐삐의 죽음』 등이 있음. 2009년 제7회 애지문학상 시부문 수상.

데자뷔

태몽은 처음으로 내 꿈을 누군가가 대신 꾸어주는 일이다 나보다 꿈이 먼저 존재하던 세계가 있었다

이계섭

    하늘에선 해초들이 썩은 동아줄처럼 자랐다고 했다 해녀인 외할머니를 따라 엄마가 들어간 바닷속에는 하얀 메기가 아가미를 뻐끔거리며 눈알을 부라리고 있었다고

    이봐 눈을 감지 못하고 잠드는 꿈속을 상상해 봤어? 어류들은 지상으로 끌려 올라가면 제일 먼저 눈이 말라버리지 우리가 바다를 떠날 수 없는 건 눈물이 없기 때문이라네

    가여워라 세상에나!
    하얀 메기를 끌어안고 엄마는 밤새 어둠보다 짙은 슬픔을 나눠주었다고
    썩을 년 망할 년 욕을 하며
    외할머니는 그날 밤 해초들을 잡고 하늘로 올랐다
    엄마가 새벽잠에 전화를 받은 시간
    외할머니는 나의 웜홀이다
    데자뷔다

    엄마는 미역을 먹지 않았다 피가 맑아지기보다는 맑은 피를 마시길 원했다 몸이 약한 슬픔을 이기지 못해 마셨던 비린 피가 있다 소화되지 못한 두려움들이 엄마의 뱃속에서 두근거렸다
    엄마 밤이 되면 누군가 내 눈앞에 손전등을 비추고는 목구멍까지 미역을 밀어 넣는 꿈을 꾸고 있어요 엄마의 두려움 속에는 누

가 살고 있는 건가요 오래전에 나는 밤을 잃어버렸어요 엄마!

  잠이 들면 엄마는 내 눈두덩이를 쓰다듬어 주었다
  어류는 지상에 끌려오면 제일 먼저 눈이 마르는 법이지 나는 네가 네발로 걷던 때를 기억하고 있어 보조개가 아가미처럼 씰룩이고 있었지 지느러미는 어디다 두었니 얘야 사산된 너의 조각들은 어디로 흩어지게 되었니
  차가운 음성이 축축한 잔물결로 온몸을 휘감아 돌았다

  생각해보면
  나와 엄마는 같은 슬픔을 기르는
  깊은 바다였는지도 모르겠다

계간 『백조』 2021년 여름호

이계섭
1986년 대전에서 출생. 2020년 《불교와 문학》으로 등단.

감정의 적도를 지나다

이대흠

적도를 지난 적은 있지만 주소지로 두지는 않았습니다 그것은 바람이 한 댓잎을 스치는 순간처럼 순식간의 일이었습니다 그러므로 어떤 머뭇거림은 감정의 적도라 불러야 합니다 느낄 수는 있어도 머물지는 못합니다

그대에게 묻습니다
그 때 그 순간을 아바나의 말레이시아라 불러도 되겠습니까 벗어둔 브래지어에 담긴 호수의 물결이라고 기억합니다 노랑이었습니다 그대의 혀에서는 물푸레 물푸레 수많은 잎들이 돋았습니다

기억의 퍼즐은 한 번도 완성되지 않았습니다 오답만으로 채워진 사랑도 가능하리라 믿으며 감정의 좌표를 바라봅니다 어떤 위도에서는 예측할 수 없는 폭풍이 일어납니다 그대를 잃어버렸으나 사랑을 잃지는 않았습니다

오래 전의 그날을,
그 밤의 설렘을 지금으로 데려오는 건
호안끼엠 호수에서 잃어버린 단추를 찾아내는 것과 같습니다

그날의 입술과 숨결과 커다란 나뭇잎과 물에 젖은 망사 같은 공기만 떠오릅니다 나는 사랑의 지도를 완성할 수 없습니다 극을 향해 달려가기도 했습니다만 나를 떠나지는 않았습니다 감정의 적도는 굵은 허리를 도는 훌라후프처럼 여전히 움직입니다

계간 『딩아돌하』 2020년 봄호

이대흠
1967년 전남 장흥군에서 출생. 1994년 《창작과 비평》을 통해 작품활동 시작.
저서로는 시집으로 『당신은 북천에서 온 사람』 등과 장편소설 『청앵』과 연구서
『문학파의 문학세계 연구』 등이 있음. 조태일문학상 등을 수상.

사사로운 별

이 령

꿈에서 깨자 나의 공의는 가까스로 정의로웠다
테이블 아래 아베크족의 엉킨 다리를 이해하고 애인의 휴대폰 비밀번호를 존중하기까지 반백이 지났다. 마냥 선한 것이 미덕임을 주입하던 부모의 혈통을 거부하자 통장의 잔고가 늘었다. 대체로 진영의 문제는 정의와 따로 놀았다. 빨강과 파랑이 섞이면 보라색으로 고상해졌지만 내 눈엔 멍 같았다. 사람들은 색을 잃어가면서 익어가는 거라고 우겼다.

칸트의 도덕과 벤담의 공리 사이에서 머리로 시소를 타던 시절이 있었지만 허기는 여전했다. 바로크풍의 마차에 탄 공주를 조소하며 샤넬의 로고를 수집했고 여성을 강조하자 천공의 성이 무너졌다. 운명은 신의 영역이고 인간을 거부하자 신은 빛의 속도로 컴퓨터자판에서 부활했다. 불면증으로 밤보다 깊은 새벽을 밝힐 때마다 정의는 어둠과 한통속이라 쓴다.

옆집 채식주의자의 개가 거세를 당하자 온순해진 건 아파트였고 사람들은 평화를 가장했다. 놀랍게도 불면증은 옆집 개가 죽고 나서 완치됐다. 아파트 소장의 잦은 훈화가 사라지자 으르렁거리던 사람들은 저마다의 채도로 착해지고 목줄로 길들이며 개를 사랑한다고 우기던 옆집 채식주의자는 점차 사나워졌다. 피를 뚝뚝 흘리는 풀을 뜯고 있는 개의 싱싱한 혓바닥이 쓰윽 이마를 핥고 나서야 난 꿈에서 깼다.

정의를 부정하자 정의가 생겨났다.

꿈속의 꿈처럼 모호한 생은 어디까지 견뎌야하는 불면증인가. 시뮬레이션 같은 지구의 무게를 견뎌야하는 당신들과 난 또 어느 지점의 불면증인가.

저울과 칼을 들고 서 있는 꿈, 생이 영원하다면 잔인하다는 선인의 치명이 별빛으로 뜬다. 서슴지 않는 밤의 질문들이 빼곡하게 빛나는 밤, 아스트리아의 가려진 눈을 오래 보는 나는 정의를 섣불리 정의하지 않는 사사로운 별이 되겠다.

격월간 『현대시학』 2021년 5~6월호

이 령
경북 경주에서 출생. 2013년 《시사사》 신인문학상을 통해 등단. 시집으로 『시인하다』 등과 기타 저서로는 『Beautiful in Gyeongju-문두루비법을 찾아서』가 있음. 현재 웹진 『시인광장』 부주간, 문학동인 Volume 고문.

슬픔이 도착하는 시간

이문희

  서두르세요 꽃들도 커튼을 치고 절벽을 마주 보는 시간 당신의 왼쪽 갈비뼈에서 내가 빠져나오는 시간 달리던 말을 동쪽으로 보내고 무화과나무 안으로 침잠하는 시간 초록 뱀 허물 벗고 나에게 들어오는 시간 고요와 불온이 교차하는 아스피린이 필요한 시간 화요일 오후 6시 30분

  어서오세요 안전하게 숨을 곳이 필요한가요 당신을 위해 지하로 통하는 지도를 드릴게요 대신 당신의 지문이 필요해요 손가락을 잘라줄 수 있나요 구름 모자 훔쳐 쓰고 노랑 루주를 바르세요 순간 하늘에 밑줄 긋듯 번개가 피어날 거예요 새로 돋아난 당신의 아이라인이 최초의 비밀번호예요

  안심하세요 아빠는 선반 위에 누워 계세요 엄마가 피 묻은 심장을 빨랫줄에 널고 있고요 언니들이 병풍 뒤에서 노래를 불러요 사다리를 타고 지붕 위로 올라간 오빠는 밤이 깊어도 내려오질 않아요 나는 가족들 얼굴에 하얗게 분칠을 했어요 서로 알아볼 수 없어 다행이에요 화병 속에 나를 꽂고 나를 피워요

  서두르세요 축축한 시간의 저녁이 오고 있어요 모든 그림자가 제 문을 안으로 걸어 잠가요 어스름이 묽은 풀대죽처럼 서서히 어려요 불안의 시간이 시작되어요 검은 천막으로 걸어가요 바람이 키스를 불러와요 먼 우레처럼 눈동자를 가슴에 붙이고 모르는 행성으로 떠나요 알람은 우주에서 맞출게요 그럼 안녕.

계간 『시와 경계』 2018년 여름호

이문희
전북 전주에서 출생. 2015년 《시와 경계》 신인우수작품상으로 작품활동 시작.
시집으로 『맨 뒤에 오는 사람』(현대시, 2021) 등이 있음.

운성隕토으로 가는 서사

이영춘

저 푸른 가지 끝에 등불 하나 달려 있다
그 불빛 아래 서성이는 거인의 목neck같이
긴 기다림의 목 줄기가 욕망이란 이름으로 매달려 있다
운명은,
어느 날은 서쪽으로 목이 기울고
어느 날은 동쪽 가지 끝에 매달려
그 성문 앞에서 일렁이는 그림자 하나
나를 판화 한다

오늘 이 순간, 동쪽으로 가는 문 활짝 열어 줄 거인은 누구인가
수성 성씨를 가진 물줄기의 기운으로
둥근 해를 건져 올릴 귀인은 누구인가
동쪽에서 온다는 나의 운수는
어느 하늘 아래서 나침판을 돌리고 있는가

갈 길을 잃고, 방향을 잃고
아득한 저 방파제 너머 그린 듯 앉아 있는 어부의 칼끝에서
가쁜 숨 몰아쉬고 있는 흰 고래 한 마리,
울컥 울컥 비린 부유물 쏟아내며
붉은 햇덩이 안고 돌아올 거인을 기다리고 있다
내 안에서 죽은 햇덩이 안고 돌아갈 저 아득한 천공,
그 빙하의 한 세기 앞에서

계간 『신생』 2021년 여름표

이영춘
1976년 《월간문학》으로 등단. 시집으로 『시시포스의 돌』 등과 시선집 『들풀』 『오줌발, 별꽃무늬』 등이 있음. 윤동주문학상 등을 수상.

밤의 포춘 쿠키

이은규

탁자가 있고 둥근 탁자가 있고
오늘 밤 부서지며 사라지는 이름들을 불러보자
좋아 불가능하게 무거운 별이나
함께 나눠 먹었던 수많은 쿠키를 떠올려도 좋아

어쩌면 별과 쿠키보다
그 사이를 가득 메운 밤의 공기들이 먼저 떠오를지도

그 모든 이름들 속에
네가 있겠니 내가 있겠니
우리라는 이름이 없어서 다행이구나 안타깝구나
아름다운 꽃과 꽃의 아름다움에 관해서는 아껴두자
들여다보자, 가만히 오래

거리를 배회하는 자들을 위해 쪽지 넣은 쿠키를 만든 데서 유래했다지
　그때의 쿠키에는 성경 구절이 적혀 있었다는데
　하나의 설이 담을 넘어 혀끝에서 혀끝으로 옮겨지듯
　오늘 밤 붉은 꽃들이 앞다투어 피어오른다면 속삭인다면

습관처럼 기적이 내리기를 기다렸었나, 별똥별
오늘의 포춘 쿠키 속에는 행운이 자리합니까
행운의 문장들이 자리합니까
도무지 대답할 수 없는 질문들이 밤의 웅덩이 속으로 사라지고

누군가 포춘 쿠키의 입을 빌어 말한다
나를 깨뜨리지 마라
불운의 정신으로 다른 문장들을 깨뜨리고 돌보라

이제 한 문장 따위로 인생이 바뀌지 않는다는 걸
바뀌지 않아야 한다는 걸 모른 척하지 말자, 깨끗이
탁자가 있고 둥근 탁자가 있고
문장도 없이 잘도 웅얼거리는 한 목소리가 흩어지기 전까지

계간 『시산맥』 2021년 봄호

이은규
1978년 서울에서 출생. 008년 《동아일보》 신춘문예 〈바람을 신으로 모신 자들의 經典〉이 당선되어 등단. 시집으로 『다정한 호칭』(문학동네, 2012) 등이 있음. 2020년 김춘수시문학상 수상.

단순한 미래

이재연

누가 합해지거나
나누어지거나

사실 아무도 궁금해 하지 않았습니다
아무도 부러워하지 않았습니다
오해할 수도 있지만 이해하려고 하던 노력도
그만두기로 했습니다

할 수만 있다면 살 수만 있다면
아보카도 씨앗에 주는 물을 끈질기게 갈아 줍니다

안에서도 밖이 환히 보여
자주 밖으로 나가는 것은 아니지만

나무 밑에 의자가 버려져 있습니다
의자 옆에 창문도 버려져 있습니다
간혹 버려진 노년도 있어

좀 더 많이 걷고 있습니다
많이 웃어 주고 있습니다
그것만이 미래처럼 다가왔습니다

할 수만 있다면 살 수만 있다면
아보카도 씨앗에 주는 물을 끈질기게 갈아 주고 있습니다

나무를 보고자 하는 것은 아닙니다
나를 두고 보자는 것도 아닙니다
그밖에 무엇을 두고 보자는 심사가 있는 것도 아닙니다

물론 물로 끝을 보자는 것은
더더구나 아닙니다

모두들 앞으로 가고 있지만
얼굴을 가렸습니다
세계가 두렵습니다

이제 그만
무엇이 태어날지 모르는
아보카도 씨앗을 흙에 묻어줍니다

당분간은 춥지도 덥지도 않아
이 노선으로 가고 있습니다

계간 『내일을 여는 작가』 2020년 가을호

이재연
전남 장흥에서 출생. 2005년 《전남일보》 신춘문예 시부문 당선. 2012년 제1회 오장환 신인문학상 당선. 시집으로 『쓸쓸함이 아직도 신비로웠다』(실천문학사, 2017)가 있음.

도넛 구멍 속의 잠

이혜미

당신 그 꿈 얘기 좀 해 봐요 초콜릿이 흘러넘치는 도넛 상자를 들고 설탕 사막을 찾아가던 꿈

고운 모래들이 은빛으로 반짝였고 목구멍을 한껏 열어 바람 냄새를 맡으면 달콤한 입자들이 기도까지 흘러들어왔어요 도넛들과 함께 설탕모래 위를 구르며 이번 생을 자축했어요 이렇게 달콤한 잠이라니 최고다 예상 못한 선물이야 도넛이 많아질수록 새로 생긴 동그라미들이 늘어서고 그들의 중력이 흰사막을 빨아들이기 시작하고 세상이

구멍과 구멍 아닌 것으로 나뉠 때 고대에서 온 인간처럼 거대한 도넛의 주위를 맴돌았어요 설탕 범벅이 된 채 동그랗게 모여드는 하늘을 바라보다 뒤늦은 깨달음이 찾아왔습니다 우린 아주 긴 구멍을 가진 도넛들이었군요

이대로 마음을 시작할 수 있겠어요? 당신 코 고는 소리를 들으며 낡은 자루에서 설탕이 쏟아져 내리는 모습을 상상했어요 짙어지는 수면으로 고르게 내려앉는 단잠의 소리

코 골 때의 당신은 꼭 웃다가 우는 것 같지 잠든 자의 벌린 입속으로 흘러들어가 검게 절여진 구멍을 구해올 수 있겠어요? 세 마디로 이루어진 행성이 있어서 우린 생의 대부분을 그 주위를 맴돌며 보낸다고요 매일 새로운 궤도의 웃음을 개발하려

우리가 떠나온 세계에는 더 이상 지어낼 입술이 없군요 깨어나면서, 단것으로 얼룩진 잠을 털어내면서, 구멍이 도넛을 존재하게 하듯 어리석음은 매번 꿈으로부터 우리를 구출해내는군요

　기억해요 만약 어젯밤 꿈속에 두고 온 영혼이 있다면 수상하고 달콤한 도넛 속에 웅크려 당신을 기다린다는 거

웹진 『시인광장』 2020년 12월호

이혜미
1987년 경기도 안양에서 출생. 2006년 《중앙신인문학상》에 시부문에 당선되어 등단. 시집으로 『보라의 바깥』(창비, 2011) 등이 있음. 2009년 서울문화재단 문예창작기금 수혜. 제15회 웹진 시인광장 선정 올해의좋은시賞 수상.

원룸

전영관

    소외가 지속되면 구면이 버겁다
    익명이 편해지는 것이다

    하늘만 비추고 표정 없는 창문의 감정조절이 부럽다
    가난하게 덩치만 큰 벽들이 도열한 골목을 걷는다

    대문 옆 공터에
    맨드라미가 한물 간 소프라노의 드레스처럼 시뻘겋게 꿈틀거린다
    옆자리에 세든 해바라기가 월세를 못 냈는지 얼굴을 감추지도 못해 하늘로 치켜든다

    창틈으로 노래가 쏟아진다
    가요제 대상곡은
    고음부가 장황하고 반주도 두껍고 느끼하다
    중개인의 방 설명이 당선작 심사평 같이 이어진다
    자신의 안목 실패에 대한 변명이다

    평범함은 들어쌘 것들의 우호적 어휘다
    내가 나에게 실망할 방이 필요하다
    횡단보도에서 건너편을 바라보지 않는다
    구면을 추가하고 싶지 않다
    저기도 이 동네와 다를 바 없을 것이다

아이들 웃음소리가 메꽃처럼 담을 넘는다
선입견은 지체장애학교의 체육수업을 의심하는 것
희망이란 색맹에게 무지개를 보여주는 일
누군가를 끝까지 기다리는 도어록처럼 차가운 체온을 유지하고 싶었다

서향으로 급경사인 동네라 노을 요금이 공짜일 것 같다
마을버스는 못 올라오겠지
노을이 진한 날이면 초혼하듯 탁본하듯이
한지를 흔들어 구름의 요철과 색감을 떠내곤 했다
시집가는 누이에게 주었다면 구연동화가 될 것이다

여기만도 못한 비포장 소읍에서 살았다
구두에 엉겨 붙는 흙이 혐오스러워지면 생활의 곤비(困憊)를 곱씹었다
늙음이란 달력 같이 융통성 없는 것들에게 화풀이하는 일이다
중개인이 창문 크기에 대한 취향을 굽히지 않는다
늙은이의 경험론은 젊은이 앞의 편협일 뿐이다

오르골의 태엽을 감을 때마다
일주일이라는 억지를 생각한다
희망이 풍풍해졌다는 충고를 듣지만
이유는 아무도 가르쳐주지 않는다
종일 동네를 걸었는데 사람은 없고 그림자의 방향만 바뀌었다
빈 항아리 안을 들여다보는 일이 쓸쓸함에 대한 호기심 따위일 것이다
이 동네에 방을 얻기로 한다

애써 외면하다가
그 슬픔을 허락하고 마음껏 침묵하면 끝이 보이기 시작했다

신께 평화를 간구하다가 기다리다가
당신을 닮고 싶다는 마지막 불가능을 전했다

격월간 『시사사』 2021년 1~2월호

전영관
2011년 《작가세계》 신인상을 통해 등단. 저서로는 시집 『슬픔도 태도가 된다』
등과 산문집 『좋은 말』 등이 있음.

정　겸정성원정숙자
정연희정채원정현우
정혜영조미희조온윤
조용미정　겸정성원
정숙자정연희정채원
정현우정혜영조미희
조온윤조용미정　겸
정성원정숙자정연희
정채원정현우정혜영
조미희조온윤조용미

겸정성원정숙자
연희정채원정현우
혜영조미희
온윤조용미

71　⋮　80

겸정성원
숙자정연희
채원정현우
혜영조미희
온윤조용미정　겸
성원정숙자정연희

악보 위를 걷는 고양이

정 겸

카인의 후손들이 살고 있는 도심으로 손돌바람 몰아치자
전선줄은 일제히 발정 난 암고양이 울음 토해냈다
마스크를 쓴 사람들이 누군가를 흘긋흘긋 훔쳐보며
좀비 영화의 엑스트라처럼 종종걸음으로 사라졌다

하나 둘 불이 켜지고 있는 베스트실버요양병원
고양이 한 마리 음식물 쓰레기통 옆에 웅크리고 앉아 있다
가시 덮인 청미래넝쿨 숲을 뚫고
흙먼지 날리는 황토길 달려 왔다
날카로운 발톱으로 짙은 어둠을 밀어 내고 빛을 모았다

크로노스가 작곡했다는 쉼표도 없는 악보 속에서
난이도가 높은 음계 따라 파도를 타며 살아 왔다
아다지오와 안단테가 표시되지 않은 악보 속에서
보이지 않는 오아시스를 찾아 거친 사막을 가로질러 가야만 했다

삶을 끌고 가던 주파수가 끊겼다 이어지고 다시 끊긴다
희미해지는 전파채널을 잡으려 양쪽 귀와 꼬리를 곤추 세워본다
음파가 멈춘 난청지대에서 안테나를 조절하며
주파수를 찾고 있지만 이제는 잡음조차 들리지 않는 침묵이다
무뎌진 발톱 보듬고 허공 향해 앞발 치켜들며 휘젓는 늙은 고양이
잡히는 것은 아무것도 없다 다시 비틀거리며 걷는다.

길 옆, 폐휴지 가득 실은 낡은 리어카 가로수에 몸 지탱하고 있다.

격월간 『현대시학』 2021년 3~4월호

정 겸
2003년 《시사사》를 통해 등단. 시집으로 『푸른경전』 등이 있음. 경기시인상 수상.

인 타임

정성원

파란 숫자가 형형한 움직임으로
핏줄시계 틱탁 엄지 검지 틱탁 가볍게 틱탁 공기를 가르는 틱탁
이봐요 한가롭게 걸어 다닐 때가 아니네 핏줄시계 비명이 들리지 않나요

초시계가 흔들린다 발자국이 흔들린다 목숨이 흔들린다

뛰어

언제 시간을 갉아먹을지 찢어먹을지 느릿함을 도모할지 민달팽이처럼 속살거릴지 거머리처럼 시꺼먼 손 내밀지

아무도 모르지

속이 빈 명품종이가방을 30분을 주고 샀다 15분의 값을 치른 커피가 혀에 달라붙는다 정오의 태양을 덤으로 받았다 1+1으로 후덥지근한 날씨가 따라왔다

아랑곳없이

신경질부리며 바퀴는 달리고
두 시간짜리 내 수명이 같이 구른다

핏줄시계가 펄떡인다 숨통을 조인다 수명시간이 사그라진다

귓바퀴를 파고든다

  소리는 달팽이관을 따라 돌아가고
  시간이 동맥을 움켜쥔다

  건조한 심장이 바람 부는 곳에서 멈춘다
  더 이상 풀씨를 퍼트리지 않는 세상
  어느 곳에도 풀은 자라지 못한다
  바퀴에 깔린 내 수명이 비명으로 이어진다

  초침과 초침이 쪼개진다 면과 면이 괴사한다 공간과 공간이 분리된다 그러는 사이
  눈썹과 눈썹 사이 거머리꽃이 핀다

  붉게
  기이한 형상으로

  허공이 후줄근하다 팔딱이는 심장을 꺼낸다 손바닥에 닿은 감촉을 꽃나무라 부르면

  오늘의 가속도는 얼마의 시간을 지불할까요

웹진 『시인광장』 2020년 11월호

정성원
경남 통영에서 출생. 2020년 《시산맥》으로 등단. 제15회 최치원신인문학상 수상.

073

누빔점s

정숙자

  시간은 시간을 버리고 잘도 떠난다. 시간이 시간을 버리고 어디로 가는지, 어디서 오는지 알 길이 없다. 그러나 그가 여기 머무는 동안 하는 일들을 나는 오랫동안 봐왔다.

  태어나게 하고
  늙게 하고
  병들게 하고
  죽게 하는 것을···

  시간은 가장 신뢰하는 신의 사절/충복인지도 모른다. 존재하면서도 눈에 띄지 않는 기이奇異만 보더라도 그가 신의 권한대행임은 자명하다. 시간은 달력을 바꾸어 걸게 하고, 숫자를 새롭게 인식시키며 무리하게 달리거나 늦추지 않는다.

  우리가 시간으로부터 배워야 할 게 있다면 자연스레 떠나는 일과 보내는 일, 맞이하는 일, 끊임없이 활동하는 일일 것이다. 시간은 어떤 제스처gesture를 취하거나 잠언을 들려준 적 없지만, 모든 걸 알려 주고 해결하는 만능술사다. 시간은 평등한 박애이고 냉정한 압수자이여 위로인 동시에 매듭이다.

  시간이 주는 것, 가져가는 것, 놓고 가는 것들 모두를 의미롭게 바라보고 사랑하리라. 삶이 고통스러울지라도 그에 대한 색색의 감각 자체가 축복이므로···. 시간은 급히 떠나면서도 깊은 이야기를 들려주고 보여주고 심어준다.

우리를 여기에 데려왔고, 또한 데려갈 시간이여, 너무 빨리 지나가는 그대에게 긴 인사를 할 수 없기에 매 순간 이렇게 맑게
안녕?
안녕히—

웹진 『시인광장』 2021년 7월호

정숙자
1952년 전북 김제에서 출생. 1988년 《문학정신》을 통해 등단. 저서로는 시집으로 『감성채집기』 등과 산문집 『밝은음자리표』 등이 있음. 질마재문학상 등을 수상.

네 이름은 안개

정연희

새벽 3시 희미한 종소리 들린다. 사찰의 은하수에 얼굴 씻고 등뼈 한 마디씩 곧추 세운다. 숨죽인 고양이 발걸음. 솜털보다 보드라운 뭉치들 . 누군가 밤새 옷감을 짰을까 열두 광주리 옷감을 펼쳐 대지로 끌고 간다.

머리카락 가닥가닥 맣고. 비단 뱀이 미끄러진 다리 안쪽 선뜩하다. 별들 빛을 잃고. 관능의 고양이 긴 꼬리 나무 둥치 감는다. 안개가 자작나무 껍데기에 부딪치는 소리. 수화를 나누는 손가락의 소리. 손가락 사이사이 흘러내리는 유령. 나무를 감추고 새처럼 몸을 숨긴 너

잡풀 우거진 옛 집을 삼키고 마당을 지키는 백년 향나무 지운다. 가물거리는 기억의 꿈들 모호하다. 슬픈 묘비명을 감추고 너를 잠재운다. 모든 물체 하얗게 지우고 천천히 다리 건너간다. 세상의 사물은 공_空이었으므로.

웹진 『시인광장』 2021년 2월호

정연희
충남 홍성에서 출생. 2007년 《현대시학》을 통해 등단. 시집으로 『호랑거미 역사책』 등이 있음.

블랙 아이스

정채원

한번 녹았던 마음이 다시 얼어붙으면 흉기가 된다
그림자 속에서도 애써 꽃을 피우다가
화분을 내동댕이치다가

눈보라치는 밤, 얼어붙은 기억의
터널을 지나면 교각이 있고, 교각을 지나면 또 터널이 있다
울음소리도 미끄러지는 터널을 지나
허공에 걸려 홀로 떨며 서 있던 그림자

터널에서 무심히 달려나오는 생명을 받아 안아
검은 이빨로 아작내는 허공의 검은 아가리

응달에서 오래 떨며 너를 기다렸어, 내 얼어붙은 팔다리를 꺾어서라도 너를 안으면 너의 목을 조르면, 너의 뜨거운 피로 얼어붙은 나를 녹여줄 수 있겠니?

급커브를 돌자마자 마주치는 얼굴
먼지와 눈물이 함께 엉겨 붙은 검은 색
살짝 젖어 있던 얼굴이 돌연
꽃모가지에 얼음송곳니를 꽂는다

누가 걷어 찬 화분일까
산산이 부서져 중심이 잡힐 때까지
제 칼날로 저를 멈추기까지

제동거리가 예상외로 길었다

맘껏 타오르지 못한 불은
재 대신 얼음을 남긴다
모든 얼음은 한때 불이었다

계간 『시와 편견』 2020년 겨울호

정채원
1996년 《문학사상》 신인상을 통해 등단. 시집으로 『슬픈 갈릴레이의 마을』(민음사, 2008) 등이 있음.

항문이 없는 것들을 위하여

정현우

나무,
항문이 없는 것들을 생각한다.

천사 또는 기생충,

배를 가르면
나는 사려 깊은 여성이 된다.

성별이 없는 것들은
죽기 직전의 얼굴

교수대 아래,
단번에 잘리지 않는
사형수 머리를 생각하고

모두 불타 죽어버리자,
귀싸대기를 날리는 아버지의 힘을,

차에 치인
개들의 얼굴이나 생각 하라지,

헐거워진 어둠이 나를 벗기고
정수리를 뒤집어쓴다.
나는 눈이 하나 없는 귀신,

나의 반쪽은
불타오르는 성냥개비

무너지는 것은 보이지 않고
위태로운 것은 아름답다.

손목을 그으면
불가능한 언덕을 향해
흩날리는
낱장의 속눈썹들
나는 사려 깊은 여성이 되어
변기에 앉아
멀리 두고 온 항문을 생각한다.

항문을 가진다는 건
가장 살고 싶은 죄의 밤이지.

무성의 밤은 나를 구기고

오므렸다
편다.

계간 『시사사』 2020년 가을호

정현우
1986년 평택에서 출생. 2015년 《조선일보》 신춘문예에 당선되어 등단. 시집으로 『나는 천사에게 말을 배웠지(창비, 2021)이 있음. 제4회 동주문학상 수상.

스완댄스

정혜영

서

스완댄스를 본 적이 있나요 스완송을 들어본 일 없지만 그날 제가 본 것은 어린 벚나무의 독무, 스완댄스 였습니다. 푸른 이파리 드레스를 차려입고 19세기 크리놀린 드레스 앞자락을 들고 스텝을 밟는 순간이었습니다. 흔들리는 것이 아름다운 순간이었습니다.

누울 자리를 잡으려고 균형을 잡으려고 이리저리 흔들리는 벚나무 한 그루, 혼자였습니다. 그 나무는 왜 거기 있었을까요. 제발로 거기 심어진 것은 아닐 텐데 서쪽이고 북쪽이었습니다. 동쪽이나 남쪽에 자리 잡았으면 좋았을 것을 누군가 서쪽이며 북쪽을 사랑해서 거기 그 자리에 그 벚나무를 심었겠지요.

지난밤 폭풍이 몰아치고 아귀가 맞지 않는 창문이 밤새 덜컹여서 잠을 이룰 수 없었습니다. 버틸 만큼 버텼습니다. 서쪽에서는 해가 뜨는 것을 볼 수 없답니다.

한 사람의 그늘이 그의 시라는 생각을 합니다. 내가 죽어야 아름답습니다. 죽기 전에는 지옥이지만 내가 죽으면 천국입니다. 천국에서는 은방울꽃이 그늘에 시갈리지 않을 것이고 파랑새가 종종거리며 은방울꽃 종소리에 화답하며 꽃밭 주변을 서성이겠지요.

한 그루 벚나무가 시를 씁니다 하늘에 시를 쓰다 넘어지는 나무, 발꿈치를 들고 쓰다만 시

지난밤 폭풍이 창문을 흔드는 소리, 네, 아니요 네, 네, 창문 밖 그림자 서쪽이 길어집니다

앙상한 가지에 매달린 이파리들 햇살을 받아 반짝입니다 금빛으로 변모합니다

퀵, 스텝
퀵퀵, 스텝, 스텝
마지막 인사는 댄스입니다

심각한 포즈는 노노
서쪽이 깊어집니다

결핍은 천장을 뚫는 힘입니다 검은 흙을 뚫고 올라오는 연두 이파리들 침묵으로 꽃대를 감싸 안고 있습니다

봄비가 은방울꽃 연두 이파리 위에서 난타로 환영합니다 은방울꽃 이파리가 흔들리고 파란 앵무가 웃음을 터뜨립니다

먼지 냄새가 아득합니다 나의 소심은 당신의 잔인함을 무럭무럭 키워 줍니다

북쪽이며 서쪽에 서 있습니다 꽃 피는 계절이 다가와도 햇살 앙상한 가지에 매달린 잎사귀가 가느란 생각으로 고요히 흔들리고 있습니다

나는 왜 어쩌다가 빛이 닿지 않는 곳만을 사모하는 것일까요 퇴근길 사람들 102동 앞을 지나갑니다 넘어진 벚나무 사이로 발뒤꿈치를 들고 지나갑니다

상처도 결핍도 은방울꽃 맑은 소리에 스며들어 넘어진 벚나무 한 그루의 배경이 됩니다

　저녁노을이 하루의 배경이듯이 북쪽이고 서쪽인 하늘, 내가 가고 은방울꽃이 피어납니다, 내가 가고 서쪽이 피어납니다.

계간 『시와 함께』 2020년 가을호

정혜영
2006년 《서정시학》으로 등단. 시집으로 『이혼을 결심하는 저녁에는』(서정시학, 2021)이 있음.

혼자 앉아 있는 사람

조미희

카페에 왔어요 혼자서
종종 있는 일이죠
카페는 숨기 좋은 장소

오후의 티타임 여자들이 웃어요
라떼 거품처럼 부드럽게
당신의 윗입술에 묻은 보일 듯 말 듯 한 먹구름이
웃음소리 안으로 사라지는 기분이에요

좋아요
당신의 시간과 나의 시간이
아무 상관 없이 겹치는 곳
상관없잖아요
오늘 내게 어떤 날씨가 쏟아졌는지
어제는 무얼 잃어버렸는지

사람들이 커피를 마시는 이유
혀끝에 쓰디쓴 인생이 흐르기 때문일까요
쓴맛 뒤에 오는 수만 가지 쓴맛들의 오묘한 조화
이것이 인생이죠

마치 처음 인생의 맛을 발견한 개척자처럼
컵 안의 커피 속으로 빨려들지요
쓴맛이 단 한 가지가 아니라는 사실에 새삼 웃지요

이상하죠
이렇게 앉아 있으면 외로움이 도망가요
당신의 말소리를 좇다가
문득 창밖으로 슬쩍 뛰어내려도 괜찮으니까요

걱정마요
당신과 아무 상관 없으니까요
끼어들지 않을 거예요
오래 혼자 앉아 있다 보니
언제든 단단해질 수 있어요

고개를 살짝 반대 방향으로 돌리면
우리는 서로 다른 세계에 있지요

계간 『시산맥』 2021년 여름호

조미희
서울에서 출생. 2015년 《시인수첩》으로 등단. 시집으로 『자칭씨의 오지 입문기』(시인수첩, 2019)가 있음.

시월의 유령들

조온윤(曺溫潤)

알고 있나요? 이 도시의 밤거리에는
아직도 성냥을 파는 아이들이 있습니다
그것도 제값보다 몇 배는 더 비싸게요
손댈 수 없는 추위 속을 핼러윈 유령처럼 돌아다니며
손바구니에 초콜릿 맛 동전을 가득 넣어줄 어른들의
등허리를 두드리고 있어요

무언갈 태워 담뱃불을 붙이던 시대는 지나갔나요?
그래요, 이제는 그들의 방문이 언짢은가요?
그래요, 간단해요, 고개를 조금만 움직이면 그만입니다
그들이 안 보이는 반대쪽으로
그들이 안 보이는 높다란 키로 껑중껑중
시력 속에서 연기처럼 흩어져버리면 간단합니다

핼러윈에 사탕을 못 받은 유령들은 사라지고 말 테죠
안녕, 또 올게, 열리지 않는 문짝 위에 섬뜩한 낙서를 하고
언젠가는
똑같이 열리지 않는 침묵이 되어 이 거리에 돌아오겠죠

알아요, 알고 있어요, 하지만 당신은 이미
당신 삶의 피곤한 주인입니다
셔터를 내리듯이 눈꺼풀을 닫으면 그만입니다
그래요, 그렇겠죠, 시월의 유령들은 돌아오겠죠
이 거리 어딘가에

출발하는 버스 창밖에 어두운 우체통처럼 서 있는
또 다른 아이의 모습을 하고 나타날 테죠

두 눈을 닫아도 닫은 두 눈 위로 자꾸만
가로등 불빛이 지나갈 테죠
조그만 불씨 속에서 환시를 보려는 성냥팔이 아이가
애타게 성냥을 긋듯이
께름칙한 이 삶을 바로 보는 당신의 시력이
다시 점등될 때까지

웹진 『시인광장』 2020년 12월호

조온윤(曺溫潤)
1993년 광주에서 출생. 2019년 《문화일보》 신춘문예 당선되며 작품활동 시작. 문학 동인 〈공통점〉으로 활동 중.

침묵 사제

조용미(曺容美)

그는 침묵을 관장하는 사람이다 그의 일은 침묵을 세심하게 관리하기 쉽도록 분류해두는 것이다 그는 침묵을 장악하지는 못하더라도 관리할 수 있다고 믿었다

침묵의 분류 관리 통제는 그의 업무 전반에 걸친 일인데 모든 침묵이 간단하게 분류되는 것은 아니어서 그는 침묵을 맡아 다루는 일에 심혈을 기울여 생의 후반부를 온전히 바쳐야만 했다

침묵은 명령할 수도 없고 강제할 수도 없다는 것을 알고 나서부터 그의 사명감은 약간 헐거워졌다 침묵을 적절히 조정하는 것은 여간 어려운 일이 아니어서 그는 침묵이 점점 싫어졌다

그는 침묵을 규정하여 품목별로 분류하는데 결국 실패했다 모든 침묵에는 무엇보다 그가 좋아하는 통일성이 결여되어 있어 세부 관리의 효율성이 떨어졌다

침묵의 불합리와 모순은 그에게 크나큰 시련이었다 침묵은 입을 다물기보다 귀를 기울이기를 원한다는 것도 깨닫게 되었다

침묵을 관리하는 일은 무엇보다 완전한 침묵 속에서는 하기 어려운 일이었다 침묵을 관리하는 일은 수많은 침묵의 소란을 견뎌내는 일이었다

계간 「파란」 2021년 봄호

조용미(曺容美)
1990년 《한길문학》으로 등단. 시집으로 『불안은 영혼을 잠식한다』 등이 있음.
김달진문학상 등을 수상.

조정인천서봉천수
호죄규리최금진초
라라최문자최영랑
최재훈최형심조정
인천서봉천수오초
규리최금진최라리
최문자최영랑최자
훈최형심조정인천
서봉천수오최규리
최금진최라라최문

자최영랑최재훈최
형심조정인천서봉
천수호최규
리최금진최
라라최문자
최영랑최재
훈최형심조
정인천서봉
천수호최규리최금
진최라라최문자최

81
⋮
90

그 나뭇가지에 도착한 푸른 기억들

조정인

모과나무에는 꽃이 더디게 왔다

꽃피고 열매 맺는 일이 쓰다가 지우고, 또 쓰는
먼 데서 오는 문장들만 같다

꽃나무 둘레를 배회하는 일은 하느님의 발걸음을 빌리는 일

봄날 며칠을 그토록 맑은 세계를 머리에 이고 한 줄 문장을 품고
꽃핀 나무 아래를 서성이고는 했다

그 나뭇가지에 착지한 작은 기별들. 동쪽이 싹트고
동쪽이 축적되고 동쪽이 자라나

잎사귀 사이사이, 모과 엉덩이가 보인다
7월 모과는 작고 파란 새들이 날아든 것 같다

최초의 나뭇가지엔 듯, 첫 의혹인 듯 대답인 듯
빛의 광원으로부터 와 있는 둥그런 기억의 진동

모과는 꽃의 분홍강보에 싸여 그 향긋한 어둠에 안겨
눈을 떴을 것인데, 첫, 저의 둥긂을 더듬어 그 나뭇가지에
그런 약속이 있었다는 듯 돌아왔을 것인데

파동으로 가득한 침묵 한 그루

나무는 빛과 어둠의 협업, 혹은 협연으로 있다
절반의 빛과 절반의 어둠으로 쓰인 밀서로 거기

언제부터인가 모과나무는 모과나무라는 그런, 기어이 지켜지는
약속을 기다리고 있었을 것이다 이내 실종되는 기억으로
.

반년간 『서정과 현실』 2020년 하반기호

조정인
1998년 《창작과 비평》을 통해 등단. 저서로는 시집으로 『그리움이라는 짐승이 사는 움막』 등과 동시집 『새가 되고 싶은 양파』가 있음. 지리산문학상. 문학동네동시문학상 등을 수상.

각성

천서봉(千瑞鳳)

어느 순간 그릇이 손을 이탈하여 깨어지는 일, 그렇게 당신을 보내고 나는 비로소,

오늘까지 보던 것을 이제 오늘로 끝내는 일, 부레 없는 물고기가 되어,

돌아보면 외로움을 견디는 것이 나의 시작이자 끝이었다고, 그리하여 흙으로 돌아가고 싶던 그릇의 마음을 헤아려보는, 그런 온순한 일 따위는 아니고

가령 그것은 어둔 하늘을 반으로 가르는 번개의 일, 손목이라도 그어,

불이 되고 싶은 아이들이 공터에 모여 비를 맞고 있다 어른들이 모두 사라지기를, 나는 여러 번 기도했었고 그런 내가 아직도 살아있다는 사실을 믿고 싶지 않은

오늘, 나는 그렇게 당신을 보내고 어쨌든 비는 구름의 각성

월간 『시인동네』 2019년 3월호

천서봉(千瑞鳳)
1971년 서울에서 출생. 2005년 《작가세계》 신인상에 〈그리운 습격〉외 4편이 당선되어 등단. 저서로는 시집으로 『서봉氏의 가방』(문학동네, 2011)와 포토에세이 『있는 힘껏, 당신』(호미, 2014)가 있음.

검은 철사 너머

천수호

가짜 나무 한 그루가 카페 한가운데 서 있다
가짜 사과를 달고 있다
사과나무 잎은 이렇게 생겼구나,
가짜를 만지작거리며 진짜를 생각한다
이 사과는 왠지 가짜 같애
진짜 같은 나무에서 가짜를 기억한다
가짜를 보면 진짜는 더욱 모호하다

가짜는 진짜를 닮으려 얼마나 애절했을까
진짜는 가짜를 놓으려 얼마나 무심했을까

가짜 햇살에 가짜 바람
가짜 흙에 가짜 물방울

기막히게 진짜 같은 사과나무 한 그루 아래서
뉴턴을 생각하며 만유인력을 생각하며

진짜 플라스틱으로 만든 잎과
진짜 나무로 만든 가지와
진짜 스티로폼으로 만든 흙을 보면서
진짜 이름과 가짜 나무를 기적처럼 묶고 있는
검은 철사 너머로
가짜와 진짜가 범벅된 사람의 손이 설핏 보인다

죽음이라는 철사에도 묶이지 않는 가짜 사과가
진짜 과일처럼 툭 떨어진다

계간 『시와 사람』 2020년 봄호

천수호
1964년 경북 경산에서 출생. 2003년 《조선일보》 신춘문예에 당선되어 등단.
시집으로 『아주 붉은현기증』(민음사, 2009) 등이 있음.

프렌치프라이

최규리

창문에서 사람들이 튕겨 나온다
서로 부둥켜안고 환호를 지른다 어둠을 경배한다

짭짤한 하루의 소금기가 눈썹 위로 뿌려진다 저녁은 빌딩을 채썰어
기름 냄비 속에 넣는다

어두울수록 신이 났다 모니터에서 싹이 났다 뉴스가 푸르게 범람한다
무성해진 잎들이 찌라시를 만들었다 파랗게 질린 손톱을
팔로워가 물어뜯었다
LED에 멍들어가는 얼굴들이 창에 매달렸다

대체로 절실한 것처럼

비대해진 입술, 여러 겹의 얼굴, 영혼 없는 인사를 하지 낮술 한잔할까?
업무 효율을 높이려면 파티션이 필요해
검은 막을 세웠지 어둡고 텅 빈 책상은 케첩을 숨겨 놓았어
붉게 흐르는 파일을 숨겨 놓았어
진한 맛 한번 볼래?

서로에게 매달린다 서로를 빨아먹으며

흙을 던지고 진흙탕 싸움을 시작한다 빌딩을 세우려면
반칙이 필요해
냉동감자와 생감자를 구별하는 일은 관심 없다
오직 두께의 차이

할 수 있는 것과 할 수 없는 것은 종이 한 장 차이
서류가 솟구친다
마스크를 벗고 자신을 증명하기 위해 문서를 서로의 입에
구겨 넣는다 기름 거품이 끓어오른다 기름 냄비가 타오른다
맥주 거품이 참 쓸데없어서

액정에서
얼굴이 튀겨지고
스트레인져는 잠시
허술해진다
휘핑크림을 만드는
거품기는 진심을 알까
부풀어 오르는 반죽의 이야기들
치대고 치대는

뒤통수 때리는 어떤 날
흥건한 상처로 썩어
쳐내고 쳐내는

숨고 싶니?

솔라닌만 도려내면 되는 일이 아니다
확실한 썩음을 찾아야 한다
둥글 거리며
두껍고 하얗게 무른 살점을

지하로 내려간 사람들은 무엇을 봤을까

이젠 우리의 두께를 얇게 채 썰어야 한다

계간 『시인수첩』 2021년 봄호

최규리
2016년 《시와 세계》로 등단. 시집으로 『질문은 나를 위반한다』가 있음. 현재 웹진 「시인광장」 편집장.

부메랑

최금진

내가 아는 이름들이 부메랑처럼 돌아오는 저녁이다
저녁이 한껏 나를 밀어올려 탑을 쌓고
나를 제물로 바치는 저녁이다
거대한 날개를 어쩌지 못하고 들키는 군함새나 가마우지처럼
비에 젖으면 먹물 씻겨나가 얼굴이 드러나는 까마귀처럼
여기선 늘 발각되는 일만 남았나 보다
허우적거리며 배회하다가 땅에 처박히는
죽은 이들의 이름이 가위 같은 입을 벌리고 돌아온다
여기선 누구나 상처 주는 일을 천직으로 하기 때문에
언제든 타인보다 더 높은 곳에 올라
사랑을 외치면 조금은 덜 외롭고 덜 무섭다
돌을 던지는 사람의 말아쥔 손에서
그가 내팽겨치는 높이와 깊이가 한꺼번에 추락한다
떠난 사람이 남긴 사냥감인 줄도 모르고
그는 보름달을 기다린다
강물을 시간에 비유하기보다는
꼭대기에서 버려진 푸른 바닥이라고 비유한다
푹푹 살 속에 들어가 박히는 유탄처럼
상처를 주고, 모욕을 주며, 호명하며 부메랑이 돌아온다
파동과 궤적을 이끌고 부메랑이 돌아온다
신의 가슴팍에서 마음껏 허우적거린 저녁 예배 신도들이
새 떼처럼 날아와 내린다
신은 자신의 이름을 가르쳐 주고 떠났지만
부메랑을 던진다, 오래 전 잘라놓고 펼친 적 없는 날개 한쪽을

꺼내들고 사람들이 저녁 하늘을 날아간다
허우적거리며, 안착할 바닥을 둘러보며 떠난 이의 이름을 부른다
아무에게도 가르쳐 준 적 없는 나의 이름을 부르며
활처럼 커다랗게 휘어진 얼굴로 내가 날아간다
커다란 반원 모양으로 허공을 자르며
수십만 개의 부메랑이 돌아온다

계간 『불교문예』 2021년 여름호

최금진

충북 제천에서 출생. 1997년 《강원일보》 신춘문예 당선. 2001년 《창작과비평》 신인시인상 수상. 저서로는 시집으로 『새들의 역사』(창비, 2007) 등과 산문집 『나무 위에 새긴 이름』이 있음. 2019년 제 12회 웹진 시인광장 선정 올해의좋은시상 등을 수상.

협곡

최라라

함부로 안다 할 수 없는 마음입니다
열려있지만 통로는 아닐 수도 있습니다
어느 순간엔
무엇을 기다리는지
언제까지 기다리는지
알 수 없어도
기다려야 합니다
어떤 생각은
바닥에 떨어지는 소리도 없이
부서지기도 합니다
바닥이 보여도 깊이를 가늠할 순 없습니다
그러므로 폭포는 언제라도 사라질 꿈입니다
어쩌다 피어있는 꽃도
지나고서야
꽃이었군, 알게 되는 마음입니다
다만 무작정 걷다 보면
코앞까지 와서 문 열어주는
빨간 단풍을 만날 수도 있습니다
무너진 기대가
길을 막을 수도 있지만
어떻게든 뚫을 수 있는 마음입니다
그럴 때 바람은
마음이 흐르는 역방향 쪽에서 깊어집니다
그런데 끝이구나 싶은 순간

느닷없이 안타까울 수 있습니다
출구 앞에서 누구나 한번은
뒤돌아보기 때문입니다

계간 『시작』 2019년 겨울호 발표

최라라
1969년 경주에서 출생. 2011년 《시인세계》를 통해 등단. 시집으로 『나는 집으로 돌아와 발을 씻는다』(천년의시작, 2017)가 있음.

시계의 아침

최문자

   가끔 '정의' 라는 말
두꺼운 텍스트 속에서 읽는다

   내게 시간이 잘 도착하는 시계가 있다
   내것 아닌 감정으로 시계는 가고 있다 나는 그 때 일을 시계에게 말하려고 했다
   시계의 얼굴이 하얗다 질려있다
   내가 나쁜 손을 잡으면 시계가 죽었다
   나를 발견하듯이 깜짝 놀라며 시계를 발견한다
   시계를 들여다 본다
   12시였다
   지난 토요일도 시계는 한 번 죽었었다
   죽음 후, 숫자 1에서 12개의 뼈가 휘어져 있다
   숫자 2는 1을 떠안고 까마득한 자전의 길을 떠난다 네가 나였으면 좋겠어, 네가 그냥 너였으면 좋겠어 두 가지 감정의 바늘이 갈길 가면서 정하지 못하고 있다
   숫자 1과 숫자2 사이 좁은 허공에서 조금 늦거나 조금 빠른 시간이 웃고 또 웃는다 한때 나는 자주 웃던 무례한 시계를 강변에 버렸다
   시계를 고치러 간다

   이번 여름에도 슬쩍슬쩍 나를 지나가던 시계의 죽음
   죽음이란 말은 어느 지붕 밑에서 우연히 자다가 깨어난 참새처럼 어감이 부스스하다

건물 담벼락에 '정의'라고 쓰고 밑줄까지 긋던 흰민들레 한 송이 같던 제자가 갑자기 떠오른다
　가끔 그들의 '정의'는 장미꽃 장면으로 팬스를 넘고 새콤달콤한 체리쥬스를 찍어 편지를 써보낸다 선생님, 들립니까 들립니까? 잠깐 시계 안에 있다가 바로 시계 밖으로 나간 이 실종을 친구야, 어찌하니? 그 많은 민들레가 앉을 의자들이 텅텅 비어있다

거짓말에게서 흰 가루약의 정체가 밝혀진다 해도
꽃 같은 시간 몇 개가 흐린 연필 끝으로 꽃을 그려준다
나는 그냥 아무 생각 없이 사랑에나 빠질까봐
6이 9가 되는 무분별한 경우처럼

그가 정의롭다는 말
그가 정오를 사랑한다는 말
너를 만지다 나를 만지고 끝으로 마른 흰 수건 끝을 만진다

이 아침 나는
시계를 찾으러 간다

월간 『현대시』 2021년 3월호

최문자
서울에서 출생. 1982년 《현대문학》으로 등단. 시집으로 『사과 사이사이 새』 등이 있음. 박두진문학상 등을 수상.

발코니 유령

최영랑

　어느 작은 행성에 와 있는 느낌이야 우주를 떠돌다 501호 외벽에 잠시 불시착한 것만 같아 어지러워 허공을 딛고 있는 내 몸이 아직도 아슬아슬해 목소리를 자꾸 1층으로 떨어뜨리리고 있어 목소리보다 먼저 데굴데굴 구르고 있는 저기 내 눈동자 좀 봐 비둘기 떼가 쪼아대더니 물고 날아오르고 있어 내버려 둘 거야 어차피 표정은 필요 없으니까 내가 잠깐 지상을 착각해서 걸어 다니고 있을 뿐이니까 이곳은 늘 흐르는 곳이야 사라지는 것들과 다가오는 것들의 무수한 자리바꿈, 잔향들로 항상 북적거리지 난 이곳에서 사계의 햇빛과 바람을 채록해 그건 제라늄과 산세비에리아 치자꽃향기로 피어나기도 하지 항아리 속 미생물들을 깨우는 일이기도 해 발목이 없는 몸은 우주로 통하는 길이야 사색 없는 존재가 무한히 확장되는 길이기도 해 무한대의 길들을 따라가다 보면 멀어지면서도 가까워지는 나를 발견하기도 하지 그러니까 이곳에서 나도 흐르고 있는 것들 중 하나일 뿐이야 지독하게 고독과 적막을 감각하지 않아도 되는 계절 속에 있는 거지 문득 노아의 방주가 생각나는 지금 나는 우주 바깥으로 멀어지는 상상을 하고 있지 산 자들이 나에 대한 기억을 매 순간 밀어내고 있으니까, 희미해지거나 흩어지는 일은 무모한 일은 아니야

계간 『리토피아』 2020년 가을호

최영랑
2015년 《문화일보》 신춘문예에 당선되어 등단. 시집으로 『발코니 유령』(실천문학사, 2020)이 있음.

089

늙은 말을 타고

최재훈

너는 먼 곳에서 말이 없다.

나는 외딴 마구간에 버려진 늙은 말을 타고
투명한 얼음 벌판을 지나
모양이 똑같은 두 개의 호수 사이에서
두리번거린다.

높은 첨탑이 보이고
이곳에서 유일한 식물이 저 안에 갇혀 있다.

늙은 말을 호숫가로 데려간다.
호수의 물은 검고 따뜻하다.
호숫가엔 말들의 하얀 뼈들이…

이상하지, 이곳은
말죽 끓이는 냄새가 진동하는데
살아있는 말은 보이지 않으니.
말이 목을 축이는 동안
나는 방죽 위에 걸터앉아 하늘을 본다,
흔들리는 둥근 빛을 본다.

호수가 싸늘히 식으면
이곳은 낡은 첨탑만 덩그러니 남을 것이다.
저 안의 식물은 첨탑을 무너뜨리고

마침내 벌판의 외로운 침묵이 될 것이다.

사람들은 죽은 말을 버리고
모두 어디로 사라져버린 걸까.
차가운 바람이 새어 들어온다.
누가 저 하늘을 닫아주었으면…

방죽 위에서 무거워지는 생각들,
호수 아래로 던져 버리지 못한다,
그것들이 발목에 칭칭 감겨서.

목을 축인 늙은 말이 앞장을 선다.
조금 힘이 난 것일까.
검고 따뜻한 힘이…

나는 말의 등을 쓸어주며 걸어간다.
내 말은 너무 늙고 병들었다.

너는 먼 곳에서 말이 없다.

계간 『사이펀』 2020년 봄호

최재훈
2018년 계간 《시산맥》으로 등단. 제3회 정남진신인시문학상 수상.

여름에 딸린 방

최형심

　여름에 딸린 작은 방에 살았네. 창을 열면 언제나 여름이어서, 창을 열면 언제나 그늘이어서 거기 살았네. 어느 연대의 어느 나비, 어느 유월의 어느 하루 되지도 못하고, 여름에 갇힌 내벽에 날개를 파묻었네. 푸른 천막 아래 누워 천공에 닿지 못하는 천애고아로 살았네. 눈썹 그늘 아래 먼지벌레를 자주 만졌고, 풀숲에 엎드린 여름에게 무릎걸음으로 다가가 사슬망에 걸린 눈동자를 보곤 했네. 여름의 변방에 이른 연인들과 변방에서 나고 자란 아이들, 어느 쪽에도 속하지 못했으므로 나는 아무렇게나 구르는 공벌레의 소리 없는 울음에 감겼네.

　내가 가닿을 수 없는 곳까지가 너다. 벽에 귀를 대고 무너졌네. 한밤을 유전하는 쥐 떼들과 요절하지 못하는 타인과 여름에 딸린 방에 살았네. 겹겹의 적막을 껴입고 어깨를 떨어야 하는 방에 살았네. 고단한 변방의 아비들, 변방의 어미들 잡풀 위로 드러눕는 여름, 눈알을 뽑고 내장을 비우고, 가끔은 머릿속까지 비워내며 여름에 딸린 방에 살았네. 입안 가득 침묵이 고였고 가끔 네가 그리울 때는 딸꾹질을 했네. 어디에도 네가 온다는 예보가 없었고, 아무 쪽으로 몸을 뉘어도 언제나 뜨거운 계절이었네. 어느 정거장에서 차표를 끊고 목이 긴 굴뚝을 가진 공장지대를 지나, 텅 빈 광장을 지나, 너도 모르는 숲속을 지나 너에게 이르고 싶었으나, 물 잔에 어둠을 둥글게 담아 마시며 아무것도 아니다, 아무것도 아니다, 거짓말을 했네.

　하얀 묵선으로 아무렇게나 공중으로 번지고 싶었네. 문을 만지며 문 너머의 것들을 볼 수 없던 시절, 찬비 맞은 발자국을 세며 하루가 갔네. 어제 쓴 일기가 내일 쓸 일기를 베끼는 나날이었네. 버스를 타고 떠난 사람과 버스를 타고 돌아오는 사람 사이에서 정거장을 지우고 구름을 지우고 나무를 지우고 아무렇게나 핀 꽃들을 지우고 마침내 푸른 하늘마저 지우며 여름에 딸린 작은 방에 살았네. 짧은 소매를 당겨도 여전히 한여름, 맨 팔에 얼굴을 묻어야 했네. 먼나무를 오래 바라보며 맨발로 서 있는 계절이었네.

계간 『포엠포엠』 2020년 겨울호

최형심
서울대학교 외교학과 졸업. 2008년 《현대시》를 통해 등단. 수상시집 『나비는, 날개로 잠을 잤다』가 있음. 2019년 제23회 심훈문학상 등을 수상.

최호일하두자하 린
한경용함기석허 민
허 연홍표황주은
휘 민최호일하드자
하 린한경용함기서
허 민허 연홍일표
황 은휘 민최호
하두자하 린한경용
함기석허 민허 연
홍일표황주은휘 민

최호일하두자하 린
하경용함기석허 민
허 연홍일표
황주은휘 민

91
⋮
100

최호일하두
자하 린한경
용함기석허
민허 연홍일
표황주은휘 민최호
일하두자하 린한

계란학 강의실

최호일

누구나 그 강의를 들으면 원하는 것을 할 수 있다
예를 들면 먼 구름 사이에서
가장 좋아하는 사람의 모습으로
계란을 굴리거나
마법같이 사라지거나
아무리 추워도 봄이 오면
봄을 그대로 둔다든지

가까이 보면
사람이 아닌데 누구나 사람이 된다든지

계란학 강의를 들으면 신이 난다
아무 데서나 봄이 올 것 같다

날마다 버스는 오고 가지만

왜 불길한 예감은 틀리지 않는 걸까
우리들의 몸에서
끈끈하지도 않게 떨어지지도 않게

어느 날 강의실에서
계란을 떨어뜨리지 않는 강의를 듣다가

떨어지지 않는 계란이 되었다

계간 『발견』 2020년 겨울호

최호일
충남 서천에서 출생. 2009년 《현대시학》 신인상을 통해 등단. 시집으로 『바나나의 웃음』(문예중앙, 2014)이 있음.

다시 안개극장

하두자

 또 다시 너야. 나에게 호의적이지도 않으면서, 건조한 노면 위를 스멀거리며 춤을 추면서 피어오르고 있어. 함부로 뒹굴지 않았지. 그러니까 소리 없이 스며드는 방식도 때론 괜찮아 흘러갈 뿐이야. 이런 날은 목을 빼고 네 안부를 묻고 싶어 우리가 한 때 다정했던 걸 너만 알고 있으니까 느긋하게 갈비뼈를 만지듯 가만히 곁을 파고들었지 한 올 한 올 풀어내느라 한 잠도 잘 수 없는 스웨터처럼. 이대로 지워도 괜찮다고 속삭이지. 그런데 그 밤을 힘껏 밀치면 이제 신음 자욱한 기억으로만 남아 있어 우리는 명징하게 서로를 알아 볼 수 있지만 은밀함이 없어. 달아날 수 없는 네가 어디까지 나를 끌고 가는지. 흰 등을 보이는 그 어스름이 깊고 처연하게 얼마만큼 우리의 심장을 지웠는지 너만이 품고 있어. 듬성듬성 건너서라도 너에게 가고 싶은데. 앙다문 이빨 사이로 붉은 반점이 돋아나올 것 같아서 주춤 거렸지. 흔들림과 중얼거림을 반복하는 사이, 잠깐의 그 모든 게 저렇게 지나갔지. 떠나간 얼굴이 가로질러 가는 것 같아. 서둘러 지우며 내 몸을 닦아내야 했을까. 발가벗은 나를 어디에다 걸쳐두어야만 했을까. 너는 여전히 부서지지 않고 살아서 내 품속 숨결로 달라붙는데1

웹진 『시인광장』 2021년 9월호

하두자
1998년 ≪심상≫으로 등단. 시집으로 『물수제비 뜨는 호수』 등이 있음.

눈꺼풀의 무게

하 린(河潾)

이것의 무게를 가늠하는 건 눈동자의 소관
마지막 순간 무언가를 전하려고
한번 떴다 감았던 눈꺼풀
얼마나 무거웠으면 저렇게 굼뜬 기척을
처음으로 내게 내밀었을까
자본의 목적과 술의 방향을 해석하려고
전 생애를 탕진했던 아버지
그 비틀거림을 이해하는데 반생을 맴돌았던 나
방치 위에 방치를 덧씌운 날들
눈동자 안에 갇힌 사람이 아무리 많아도
꺼풀이 열릴 때마다
빠져나가지 못한 분노가 부글거려도
끝까지 맨정신을 껴입고 다니지 않겠다는 의지
아, 비굴한 목격을 내게 던져놓고
인정사정없이 암전과 한 몸이 되어 버리다니
죽은 자들이 자꾸 술을 권해서
눈을 뜰 수가 없었다고 했던 말은
결국 아버지가 아버지를 벗어나려는 변명이었을까
단 한 번도 주목받지 못한 변방을 삼킨 채
왜 혈족이 다 모일 때까지 견뎠던 것일까
죽음 직전의 눈동자가 던져준 유언을
상징으로 만나고 말았으니
이젠 유언의 여운이 되어 떠돌아야 할까
나도 하나뿐인 장르 밖 이야기가 될지 모른다

몸속에 허망한 울타리를 세운 채
나의 배역이 악역으로 치닫지 않도록 단속하며
순간순간이 자꾸 먹구름을 불러오더라도
꺼풀이 열림과 닫힘을 반복하는 동안
가장 적극적인 반성 아니면 증언이 되어
가난한 자의 심장 안에 갇힌 것들이
우후죽순 자라나는 것을 방치할지 모른다
그러니 묘혈도 말할 수 있다면 눈꺼풀을 가져야 한다
죄다 유령이 될 수 있도록…

계간 『시와 정신』 2020년 봄호

하 린(河潾)
전남 영광에서 출생. 2008년 《시인세계》 신인상으로 등단. 저서로는 시집으로 『야구공을 던지는 몇 가지 방식』 등과 연구서 『정진규 산문시 연구』와 시 창작 안내서 『시클』이 있음. 청마문학상 신인상 등을 수상.

핸드릭 하멜, 당신을 보았다

한경용

당신의 선단, 선인장처럼 초록이다
대정현 차귀진 아래 대야수 해변이 눈부시다
이방인의 표류는 내 안의 바다를 넓혔다
수평선은 언제나 그리움을 동반 한다
새로움을 찾는 자에게만 섬은 열린다
당신과 나, 동의어일 뿐
어서 와라 우연의 역사여, 당신의 표류기에 쓰일 기근의 섬
항해는 누군가와 겨루는 것이 아니고
이역 하늘 아래 자신을 향해 저어가는 것
관원들과 함께 당신들을 구조 한다
세상은 물 한 모금이면 선하다
당신들이 온 제주 해역
어린 시절 '해가 뜨는 쪽은 아름답다'라는 환상의 약속이다
핸드릭 하멜, 내게 넓힘을 주셨으니 경외하노라
분노, 방탕, 광기, 나도 그 모든 재난을 안고 떠나고 싶다
이 섬을 안고 정신을 더듬으며 순수의 폭을 넓혀 가보자
이제 굴림이 주는 밭의 위안에 머물지 않을 것이다
나는 물 아래 신과 조우했기 때문에
지상의 물신을 믿지 않는다
선대의 유배는 내 이성의 유배이다
내게 그어진 경계선을 극복하고 몸으로 도전 할 길을 알려다오
바다의 장벽을 넘어서고 파도를 뛰어넘는 강자의 논리를 부여 해다오
이루는 순간 또 다른 도전과 응전에 설레고 가다가 힘들면

정박하고 탈출하고 무념무상으로
시공간을 초월하여 물아일체로서
표류선의 나침반은 달을 추종한다.

계간 『실천문학』 2021년 여름호

한경용
2010년 《시예》 신인상 수상 이후 『문학사상』 등에서 작품활동 시작. 시집으로
『빈센트를 위한 만찬』 등이 있음.

뒤 보이스

함기석

독이 퍼지는 하늘이다

블루베리 케이크 옆 비틀어진 손목이고

사각(死角)의 탁자다

그 위에 놓인 검은 브래지어 찬 구름이다

끓고 있는 빗물이고

차도르 쓴 이란 여인의 슬픈 눈동자다

몇 방울의 타액, 몇 점의 가지 빛깔 흉터들

새벽안개 속 무연고 무덤이다

아무도 없는 겨울 숲에 번지는 흰 총소리

뒤의 깊은 뒷면

납치된 피, 물속에서 피아노가 울고 있다

계간 『문파』 2020년 가을호

함기석
1966년 충북 청주에서 출생. 1992년 《작가세계》를 통해 등단. 저서로는 시집으로 『국어선생은 달팽이』 등과 동시집 『숫자벌레』, 동화 『상상력학교』 등이 있음. 2020년 제13회 웹진 『시인광장』 선정 올해의좋은시상 등을 수상.

깨진 소주병을 바라보며

허 민

누가 너에게 다녀갔다는 것이다
누군가 너에게 왔다가
이제는 존재하지 않는다는 뜻이다
누군가 너의 모든 것을 단 한 방울도 남김없이
가져가 버렸다는 것이다
주둥이가 깨져 가느다란 목이 사라진 병
누군가 너의 길고 아름다운 휘파람을 앗아가서
네가 네 취한 혈류를 모두 마셔버렸다는 것이다
텅 빈 스스로를 결코 참을 수 없어
공중을 향해 자신의 목을 수탉처럼 바쳤다는 것이다
비어버린 생을 용납하기 괴로워
허공의 무한한 길이 열린 창틀에
목을 매달아 놓았다는 것이다
내 안의 누군가, 네 안의 누군가
너를 비틀어 처형했다는 것이다
소주 따위야 병신 취급하며 목을 따 버리고
효수의 나머지를 바닥에 던져 버렸다는 것이다
자신을 산산조각 냈다는 뜻이다
산산이 부숴 버리려 했으나
미련 많던 긴 목과 복잡한 머리만 박살 낸 채
텅 빈 몸뚱이만 살아남았다는 것이다
모든 걸 비우려 했지만
날카로운 한이 되었다는 것이다
금방 무너져 내릴 금이 되었다는 것이다

다시 채울 수도 없는 삶이여
이제 영영 나를 버린다는 것이다
곧 사금파리가 되어 조각조각 바닥의 반짝임이 된다는 것이다
지상에 잘게 부서져 가장 낮게 두근거리는
별빛, 가장 먼 우주로 돌아간다는 것이다
한 때 한 사람의 가슴을
그의 청춘을 뜨겁게
데웠다는 것이다

계간 『황해문화』 2020년 여름호

허 민
1983년 강원도 양구에서 출생. 2014년 웹진 《시인광장》을 통해 등단.

가여운 거리

허 연

베란다에 걸려있는 빨래들이 흔들리기 시작하면
생은 잠시 초라해졌다가 다시 화색이 돌기도 한다
경멸할 것은 없다. 어차피 다 노래니까

나는 이 위험한 계보를 알고 있다
혼자 밥을 먹는 사람들이
약기운에 지친 환자처럼 얌전해지는 밤을 알고 있다

서리 낀 창밖은 질문으로 가득하지만
여기선 답을 하지 않는다.
질문 속에 답이 있거나 혹은 답이 두렵기 때문이다.

도시의 동쪽에는 노숙인들이 낮 시간을 보낸
긴 의자들과 고장 난 그네가 있다
나중에 봄이 되었을 때
의자와 그네에는 새로운 색이 칠해져 있을 것이다.

겨울이 오기 전 거리가 파헤쳐지면
사람들은 비로소 도시를 이해한다.
모든 것은 이미 정해져 있었고 가끔 새들이 태어났다.

도시는 자꾸만 바람 불어오는 쪽을 바라보고
나는 들려오는 모든 소리들이 구타처럼 느껴진다
(나도 한 거리를 사랑할 수 있다면 좋겠다)

도시의 거주민들은 비가 언제까지 내릴까 하면서
자꾸만 하늘을 올려다본다
거리에는 장례식이 있었다

계간 『시로 여는 세상』 2020년 겨울호

허 연

1991년 《현대시세계》로 등단. 시집으로 『불온한 검은 피』 등이 있음. 현대문학상 등을 수상.

중세를 읽는 시간

홍일표

그는 밤의 제왕이지요
아름답고 달콤해서 밤이 사라지는 줄도 모르는

훗날 발굴될 문장의 놀란 표정들이 보입니다

누가 밤을 읽고 있나요?
페이지마다 앞을 보지 못하는 심장들
툭, 툭 건드려 봐도 입 다문 꽃들은 피어나지 않지요
꽃은 꽃 속으로 사라졌지요
흔적만 남은 폐사지에서 혼자 중얼거리는 돌조각들

밤은 온몸이 까막눈이라 볼 수가 없지요
그게 밤이 몰락하는 이유라고
새벽별 하나가 마지막까지 남아 증언하지요

밤을 뒤집어 봐도
이미 밤의 피부가 된
흰 눈의 감정들

아무도 의심하지 않는 중세의 기후가 화창합니다
청동의 녹처럼 눈먼 시간이 폐허를 완성하는 중입니다

땅속에 죽은 해를 서둘러 매장합니다
밤의 지층이 두꺼워지고 있는데

아주 오래전 일이라고
머나먼 제국의 일이라고

고개를 내젓고 있는
잠시 반짝이다 제 빛에 실명한 얼굴들

귀 없는 글자들이 검은 수의를 입고 줄줄이 종이무덤에 묻힙니다

계간 『시산맥』 2021년 여름호

홍일표
1988년 《심상》신인상, 1992년 《경향신문》 신춘문예로 등단. 저서로는 시집 『매혹의 지도』 등과 청소년시집 『우리는 어딨지?』 그리고 평설집 『홀림의 풍경들』이 있음. 시인광장 작품상 등을 수상.

옷장은 안녕하십니까

황주은

철 지난 옷들이 물음표에 걸려 있습니다
옷걸이는 물음표 같은 목을 가졌습니다
이 표현이 진부합니까?

진부하면 옷장 속으로 들어오세요
귀를 키우면 들을 수 있습니다
나란히 걸린 사생활

스카프는 뜬소문으로 휘날리고
어쩌다 보면 삼각으로 접히기도 합니다
삼각관계라니 진부합니까?

진부하면 거울을 보세요
유행이 낡고 있는 사이 육체엔 탐욕만 남습니다
탐욕이라니 진부합니까?

진부하면 옷걸이를 들춰보세요
'사랑은 고양이 오줌 같은 얼룩'
향기를 걸었는데 얼룩들이 튀어나옵니다

그날 입었던 레인코트
옷마다 그날의 인증이 있습니다
비 오는 날의 이별이라니 진저리나게 진부합니까?

그렇다면 옷장에 불을 붙이세요
불타는 옷들을 가엾게 여기지 말 것
어차피 비밀은 재가 됩니다

뼈만 남은 옷들이
봄, 여름, 가을, 겨울을 돌고 있습니다

오늘, 당신의 옷장은 어떠십니까?

긴 혁대가 꿈틀거립니다

웹진 『시인광장』 2021년 8월호

황주은
경북 예천에서 출생. 2013년 《시사사》 신인상을 통해 등단. 시집으로 『불의 씨』가 있음.

스크래치

휘 민

  뉴스를 보지 않던 며칠 동안 두 개의 태풍이 지나갔다 청색 테이프가 붙어 있는 창문은 멀쩡했지만 비가 올 때마다 작은방 벽에서 물이 흘러내렸다 빗물은 엑스자가 그려진 창문을 슬그머니 타고 들어와 고양이 오줌처럼 방바닥을 적셨다 식구들은 장판을 뒤집어놓고 돌아가며 불침번을 섰다 모두 빗소리에 예민해졌다 차라리 천장에서 비가 새면 좋겠어 그럼 양동이를 받쳐 놓으면 될 텐데 사춘기에 접어든 막내가 투덜거렸다

  그사이 목이 늘어난 아버지의 런닝과 더 이상 머리가 들어가지 않는 둘째의 면티가 작은방 창문 아래서 만났다 그래도 안방에서는 비를 피할 수 있으니 얼마나 다행이니 하느님의 은총이다 손목보호대를 한 엄마가 말했다 주일마다 마스크를 쓰고 교회로 향하는 엄마는 낙천과 무심 그 사이를 살고 있었다

  뉴스를 보지 않으니 세상이 점점 작아졌다
  거리도 자동차도 눈에 보이는 것보다 멀리 있었다
  아이들은 모두 어디로 사라졌을까
  놀이터에는 과자 부스러기를 찾는 시궁쥐만 드나들었다

  그사이 나는 소설 합평을 하러 안산에 다녀왔다 마스크 너머로 서로의 눈빛을 읽어낼 수 있었지만 불안은 등단이라는 벽 앞에 선 우리의 언어에 있었다 나의 플롯은 갈기갈기 찢겼다 개연성이 부족하다고 했다 확실하지는 않지만 그런 것도 같았다 집으로 돌아오는 길 중앙역에서 장미꽃을 보았다 콧김으로 눅눅해진 마스

크를 벗고 장미를 잠시 바라보았다 그 후 2주 넘게 미열과 기침이 끊이지 않았다 잠복기를 계산하며 며칠은 마스크를 써봤지만 격리가 불가능한 집이었다

  이미 지나갔는지 모른다
  불현듯 이런 생각이 들었을 때는 어느새 가을이었다
  친구가 중앙역에서 찍은 장미 사진을 보내주었다
  그것은 시들어가는 흰빛이었지만 친구는 하얀색 장미라고 명랑하게 말했다
  확실하지는 않지만 그런 것도 같았다
  더 이상 불안하지 않았다
  추상과 싸우기 위해 추상을 약간 닮기로 했다*

  추분에는 작은방 창문의 청색 테이프를 뜯었다
  점성을 잃어버린 불안의 오라기가 뚝뚝 끊어져내렸다
  의자 위에서 뒤꿈치를 들고 한참 동안 창문을 마주보았다
  한때는 봄빛이었던 색깔을 커터날로 긁어냈다

  칼날 몇 조각이 부러졌고
  창문에는 엑스자 무늬 두 개가 남았다

* 알베르 카뮈, 『페스트』에서 차용

계간 『시산맥』 2020년 겨울호

휘 민
1974년 충북 청원에서 출생. 2001년 《경향신문》 신춘문예로 등단. 2011년 《한국일보》 신춘문예 동화부문 당선. 저서로는 시집으로 『생일 꽃바구니』 등과 동화집 『할머니는 축구선수』와 그림책 『빨간 모자의 숲』이 있음.

웹진 『시인광장』 선정
2022 올해의 좋은 시 100選

초판인쇄 2021년 12월 1일
초판발행 2021년 12월 1일

펴 낸 곳   도서출판 시인광장
펴 낸 이   우원호
등록번호   307-2013-17
주   소   세종특별자치시 보듬2로 43, 1506동 1801호
전   화   044-866-5326
팩   스   044-866-5326
전자우편   seeinkwangjang@hanmail.net
홈페이지   www.seeinkwangjang.com

ISBN 979-11-969163-3-6

값 12,000원

· 도서출판 『시인광장』은 시문학의 발전과 시문단의 중흥을 위한 새로운 변화와 창조를 도모하는 뉴 패러다임[New Paradigm]의 출판사로 시인들과 시를 사랑하는 모든 독자들을 생각하며 성원에 보답하기 위해 언제나 최선을 다하겠습니다.

· 잘못 만들어진 책은 바꾸어 드립니다.